—原水文化—

您的健康，原水把關

—原水文化—

您的健康，原水把關

你是自己的光

拿回人生自主權，改寫生命劇本

林碧燕——著

You Are The Light

目錄／CONTENTS

專文推薦

1

——鑑價達人大千典精品老闆、mamori日系婚戒品牌創辦人、《29張當票》《學上當》《人生流當品》系列著作暢銷作家

秦嗣林

我是看著林碧燕小姐成長的見證人。

我們倆的結識始於二十幾年前的清溪扶輪社。她給我的第一個印象是漂亮又自信的女強人，她不但專業更充滿鬥志，磁場強大到你很難忽略她的存在。

碧燕不但是我的朋友、更是自家姐妹。我曾數次反串女裝與她合作演出，每次節目的排演內容，大部分都是這位「女諸葛」出謀劃策，當然娛樂效果一定是該場的頭彩。

強人的背後也有柔情，碧燕的公司戰友們對這位總經理非常敬服，我的觀察是她對公司同仁用情至深，每一位跟過她的人，只要提

起共同奮鬥的時光，都會喊出「姐，妳是我們的光。」

而這些領略都是我在她們公司練舞時，不斷收聽到的。

印象中碧燕有二次人生的低潮期，第一次是數年前她的老闆給了她一項不可能的任務，本想婉拒的她，擔子再沉也一肩挑起，彷彿披荊斬棘就是與生俱來的天職，那段時間我偶而打電話問候一下叮嚀她保重身體，她總是回我說：「大哥，沒問題的啦！」

另一次是公司的轉型，那段時間她比較少出現在扶輪社例會裡，我著實有些擔心，對一個永不低頭的人而言，我看到了那臉上難以察覺的惶恐，一年後她以奇蹟創造者的姿態王者歸來，姐妹倆又在人生路上相視一笑。

這個世界會美好，是因為有許多偉大的女性撐住了半邊天，她們或許是家裡的母親，或許是職場的戰士，對碧燕我只能藉孟子的話來形容她「天將降大任於斯人也，必先苦其心志，勞其筋骨⋯⋯，所以動心忍性，曾益其所不能。」

專文推薦 2

孫子兵法：道天地將法

——止觀幸福學 陳啟銘老師

◆**道者：**

令民與上同意，可與之死，可與之生，而不畏危也（國之全民的共同生活信念）；以仁道而言，禮義廉恥，國之四維，四維不張，國乃滅亡。

◆**天者：**

陰陽、寒暑、時制也；（四時、氣候、趨勢）天時。

◆**地者：**

高下、遠近、險易、廣狹、死生也；（生活環境、戰場地形）地利。

◆**將者：**

智、信、仁、勇、嚴也；領導統御的能力。

◆**法者：**

曲制、官道、主用也；行政組織、管理制度。

這五個國之元素，是國力強盛與否的關鍵。以個人的生命特質而言，也可以套用這五個元素。

◆**道：**

個人的原始慾望（累世的業因造成的業力，會變成人原始的慾望本能，驅動人的生活態度與價值觀）。

◆**天地：**

在原始業力的驅動下，人的生活態度，與價值觀會限縮人的眼界，對真實的生命互動環境，產生一定程度上的誤解。

所以每個人認知的世界，都完全不一樣，看到、聽到、五感的感知都不同。

◆將：

在道、天、地這三個元素的作用下，每個人都有特有的人格特質。

◆法：

個人的生活習慣、思考與行為模式。

雖然每個人的先天道體很難改變（先天道體就是智慧程度），但是經過後天的模仿與學習，是可以把智慧程度作一定程度的進化，這進化方法就是生活態度與處世信念的堅持。

孔子．仁道：菩薩慈悲，道法求真，佛法無我。

以商業行為來說：服務至上，以客為尊。

所以各位讀者，您的道是什麼？

無道之人，因果輪迴，永世沉淪！

如果人的道體沒有改變，也可以改變人的眼界，來作生命互動條件的改變，為什麼人的道體沒變，但人的眼界可以改變，主要的原因是，人目前的生活環境，充滿催眠與制約。

這些從小到大的催眠與制約，限制了人的眼界與行為思考模式，讓人活在一個比（先天智慧程度下，應有的感知世界）小很多的被後天學習所制約的世界！

此書的內容，就是描述人如何突破後天學習制約的生命歷程。

這是一本進入生命大道的入門書，希望各位讀者，經由此書去理解，催眠制約對人生活內容的影響，進而去檢視自己的制約，試著去修正，這就是菩薩道的精神，藉著去理解生活互動內容與條件，來檢視與改進自己的生命制約！

專文推薦 3

讓心歸零心通內外《心創高維實相空間》黃天琳老師

碧燕是我們禪修班的資深學員，約莫三年前她跟我說：「老師，我想出一本書，到時要麻煩您幫我寫序。」沒想在百忙之中，這本書現在真的被她顯化出來了，除了表達衷心的祝福與恭喜，我也很榮幸的成為本書的第一位讀者寫了這篇序文。

作為一間公司的經營者，碧燕很想將自己此生領悟到的空性智慧，為所有身兼家庭照顧責任與工作壓力的現代女性找到生命的各種可能性。

傳統的女性身受各種社會文化框架的限制，常常必須為了家庭、孩子犧牲而別無選擇，難道女人就不能從層層的枷鎖封印中破繭而出嗎？

這是她經常跟我提到的事，她的工作一直在幫助許多女性從家庭生活的桎梏中脫穎而出，如何協助女性找到一條生命的出路，在她的生命藍圖中一直占有極為重要的位置。

本書以碧燕身邊十二位女性姐妹真實奮鬥的人生故事為主軸，她用近身觀察的視角，將姐姐妹妹們如何從生命困境中解開自我枷鎖，走出一條創新自我道路的過程分享出來，內容淺顯易懂，以生活隨筆平鋪直敘的方式呈現，可謂文淺意深發人深省，非常適合忙碌的現代人閱讀。

不管男人或女人，對每個人來說，生活實際上就是一場場不斷的修行與試煉，人生如海浪時而浪高時而浪低，沒有人一生都是平順無波的。有些人會以為生命的低潮是件壞事，但恰恰相反，不然你看書中十二位女性是如何從谷底翻身的？這道理很像海浪在低潮時，表面上你看到的是「低潮」，然而這「低潮」其實正在為我們下一次的「高潮」預做準備。

換句話說，所有來到我們身邊貌似的困難與挫折，事實上就是要來解鎖那些我們本自具足卻被封印的力量，它們都是要來成就我們開展更高生命版本的。

你以為的問題根本不是「問題」，如果你願意放下自我慣性的思維模式，用全新視角來看待你所謂的「問題」，你常常會驚訝地發現，這些問題的背後都是「機會」。

故事中的C姐如果沒有那些人生的意外（問題），怎麼有可能成就日後的網路事業版圖（機會）？

E姐如果沒有遭受到一連串的生命打擊（問題），她怎會因此頓悟找回自己取回自我本具的力量（機會）？

家中若沒有遭遇經濟困境（問題），K姐又如何解鎖生命的潛能，短短三年做出月營業額上千萬的業績（機會）？

看完這本書或許你會有種似曾相識的感覺，因為碧燕寫的不只是故事而是人生，這是我們每個人都可能遭逢的人生際遇，相信對每位讀者一定有所啟發。

從問題中看見機會，願每個人都能打開自我無限的可能性，迎向生命的璀璨。

專文推薦 4

——泰瑞、歐瑞恩集團創辦人 許正登

相信大家一定都聽過：「每個成功的男人背後，都有一位默默支持他的女人。」這句話足以證明女性的付出與偉大！身為創業家的我，更是感受深刻。

從創業初期在外打拚，忙得幾乎無暇顧及家庭，不論是陪伴孩子成長、家中長輩的照顧陪伴、家中事務打理……，這一切幾乎都只能靠太太來維繫，為的就是能讓我無後顧之憂的往前衝。

而大多數的女性，也都如同我太太一樣，結婚生子後，開始扮演多重角色，既是先生的妻子，也是孩子的媽媽，更是父母／公婆的女兒／媳婦……，數種角色的切換，常常讓女性朋友們，不再是原來的自己。

但是我相信，這並不代表她們的心中就沒有一絲自己的夢想與渴望，只因她們為了家庭付出，而選擇將這一切深埋心底！

認識碧燕已經三十多年了，她是一位獨立自主、努力向上，對於自己人生目標非常清楚，也從不輕易向命運低頭的人；她總認為，命運是要掌握在自己的手中，而不是活在別人的嘴裡，也不應因過往的包袱把自己框限住。

她常常與我分享，在事業經營當中發現，女性其實擁有非常大的潛能及韌性，不是因為結婚生子後，就一定要失去自我。其實人生可以活出更多的樣貌，在兼顧家庭的同時，也能活出不一樣的自己。

而身為公司總經理的她，因為工作的關係接觸到形形色色無數的女性，每個人都有自己獨特的人生歷練與課題；碧燕總是用同理心及關懷的角度，來幫助這些女性朋友們找到生命的另一個出口，很用心並願意站在女性的角度來思考問題，如同燈塔般引領她們走出迷途困境。

碧燕因為擁有敏銳的觀察力及耐心，總是能有效幫助朋友們在人生困頓時，找到問題的根本核心，進而找到有效的方法解決它，幫助她們重啟對生命的認知。

她一直很想將自己職涯歷程所看到、所領悟到的生命啟發分享出來，為所有身兼多重角色的現代女性找到更多的可能性。

雖然每個人生命的旅程歷練不同，但同樣的是，這些女性朋友們內在深層「想要的心」是不變的。

如今，碧燕用文字將這些年的經歷、所輔導幫助過女性背後的生命歷程彙集成書，一字一句雖看似他人的人生，但其實裡頭藏匿非常多的細節，值得我們細細品味與思考。

非常榮幸能優先閱讀這本佳作，看著裡頭帶著情感的一字一句，以及給予困境的友人們具體做法的指引，我相信這本書，一定會讓非常多的朋友，能夠和我一樣，在人生課題中受益良多，體悟到更多的人生之道。

雖然故事的主角們都是女性，但人生境域的考驗及頓悟卻是不分男女的。

這是一本值得我們每一個人，一讀再讀的心靈成長勵志書籍，透過這些人的故事，能幫助我們一次次走出生命的考驗，從中領悟到更多生命的價值與可能。

願每一位讀者在閱讀這本書後，都能和我一樣擁有不同境界的體悟，重新盤點自己的生命與價值，為自己未來的人生旅途注入更多元的可能性！

作者序

念頭創造命運

—— 本書作者 林碧燕

我一直努力修煉自己在「同理不共情」的心境中，去看身邊的人過著他們的生活，就像一面鏡子照著，物來則應、過去不留！

因為同理，我能感受到生命的能量，能夠設身處地的去體會、柔軟的去溝通。

因為不共情，而得以有智慧、客觀的去理解規劃，不干涉別人的自由意志，更不將自己的情感捲入其中。

由於行業始然，我有非常多的機會接觸到各式各樣的人，察覺到在種種機緣巧合之下，不會有人一路順遂、也不會有人一直困頓、更有人能夠谷底翻身。

剛開始工作的前幾年，我的情緒跟心情往往

會跟著自己或合作夥伴的成敗在糾纏著。

慢慢地我發現，得失心太重、過度的投入事件本身，會讓我一直處於糾結狀態，不斷的情感內耗，因而失去了理性的判斷力，當然也就無法精準的界定問題以及思考出有效的對策。

就像我們搭車錯過了本來應該要下車的站點，這個時候如果開始情緒混亂對自己生氣，想著怎麼這麼不小心，心思全放在懊惱上面，那麼可能下一站又忘記下車了！這個時候我們該想的反而是該在哪一站下車可以轉回原來的地點。人生不可能事事順遂，如果我們一直看著後照鏡，不看向前方，那肯定是會出事的。

世界上所有人事物的發生都是因緣和合的條件下所創造出來的，當條件不具足，事物就會消失，包括我們的生命在內。其實我們都是活在自己的認知架構之中，事物的本身是中立的，是我們給予不同的看法與意義，才創造出我們心中專屬於自己的世界，可能是極其主觀與偏頗的。而念頭是一切的源頭，對事物的看法是主導事情發展方向的關鍵。所以改變命運的方法就是解構生命運作的構成要件，覺察對它的認知與感受及其存在的意義與影響力，提醒自己時刻可以擴大角度、可以重新選擇、可以調整認知、更要守護信念，進而能為自己重塑一個充滿智慧、有價值的生命藍圖。

時時修煉自己不執著、不懊悔、不逗留，因而才能對準自己的夢想，勇敢的走下去。

我的工作接觸到的大多以女性為主，很多人問我，領導管理這麼大一個女性團隊一定很不容易吧？都說女人都很情緒化，而且有很多家庭事務纏身，又常常工作無法聚焦，這樣好運作嗎？會這樣問我的人可能不太了解女性，女性的特質之所以會被感覺到是情緒化，其實是因為心思細膩、情感敏銳。

會被認為多項事務纏身，那是因為她們承擔起母親、女兒、太太、媳婦、職業婦女這麼多重角色的責任。

會被認為不聚焦，其實是因為必須把時間做最有效的分配，進行多功能的運作。

這些在我來看都是超能力，而不是缺點。

雖然看起來這本書好像是為女性而寫的，但卻是一個探討人性的旅程。所以讀者沒有性別限定喔！書中收錄的故事都是女性主角，由於我自己也是女性，所以更能感同身受。

故事中的姐姐妹妹們，都曾遭遇到各種不同的人生考驗，關鍵是能夠聽到內心那個微弱的聲音，忠實的面對自己，打破封建思想的限制，打破世俗的刻板印象，打破自己內心的自我設限，打破一切阻礙自己前進的封印，了解一切的結果都是來自初始的起心動念，相信選擇是可以改變生命軌跡的力量，進而能在關鍵時刻找到新的生命出口，發掘新的機會，繼續勇敢的走下去，成為自己的主人。

這就是本書要與各位分享的觀點！

感謝這些故事的主人翁，讓我可以用第三人的視角看進故事的核心，又可以用同理心的角度體悟到人生百態的生命智慧。

雖然書中提到各種行業，但因為這不是一本商業經營的書籍，而是探討人生故事的心得，所以有關商業活動的部分不多著墨。各行各業就像各種舞台，每一個人在他的行業裡面都要扮演一個稱職的角色；而我們的人生就像一齣戲，粉墨登場、各自精彩，就看我們有沒有智慧把它演成一齣讓自己不枉來此一遭的好戲！

感謝合作的女性夥伴們，在各自的旅程中盡情地發揮，讓我看到各種精彩生活的亮點，使我的人生得以更為豐富，而且書中所有的插圖都是由我自己所畫，因為我希望能更精確的傳達，每個篇章故事所富含的人物與情感給所有讀者。

感謝一路走來，家人、閨蜜的相伴，更感謝我的人生導師們，尤其要感謝我職場上公司的創辦人許正登先生，他一路指引著我，要堅定信念、不忘初衷，持續的經營著一個女性自我實現的平台。

雖然我人生的上半段跌跌撞撞，但也走到了這裡找到人生下半場的心靈起點，希望這些故事能為你帶來一些溫度，為你的精彩人生添加一抹色彩，並為所有想要成為自己命運主宰的人加油！

前言

「選擇」是生命項鏈中的每一顆珍珠

——本書作者 林碧燕

這是一本有關如何掌握自己命運的書。

我花了二十幾年的時間想要找出以下問題的解答：

- 為什麼人這麼不容易改變？
- 為什麼這麼多人都說命中注定？
- 生命到底是怎麼運作的？難道命運不能改變嗎？
- 把我們的命運掌握在自己手中，難道真的就沒有辦法嗎？

我看到很多女性很努力，但還在掙扎；然而，我也曾經掙扎過，也曾經困在自己的框架裡走不出來，幸運的是我不曾放棄尋找答案。

我把我的心得整理出來，希望透過這本書能為大家找到生命的亮點，不需要再走冤枉路。

我是一家公司的總經理，負責管理公司已經超過二十幾年了，但是在這本書我不是要談企業管理，而是要談人性，談生命的價值，談生活的智慧。

接手這家公司前，我是集團中另外一家公司的業務處長，在同齡間我是職涯發展最亮麗的人之一，感覺業務運作對我而言是游刃有餘的。但幾年後我們公司開始面臨市場的變化，不斷升溫的競爭讓我無法像以前一樣表現優異，慢慢地，我開始變得焦慮，甚至被我的老闆發現了！

但我比多數人幸運的是，老闆願意提供我一個至國外進修的機會，他認為，我本來就是企業管理系畢業的，如果再去進修絕對會對工作上有很大的幫助。

當我唸完EMBA回國後，本以為可以將所學發揮在自己熟悉的工作上，但此時，老闆卻跟我說要調我到集團中另一家公司擔任總經理。這本來是一件令人很高興的晉升機會，但在了解那一家公司的營運狀況之後，我卻感到遲疑。

因為那一家公司已經虧損了。我心裡揣摩著為什麼老闆要做這個決定？當時我的老闆直接告訴我：「妳這是臨危受命，如果我不相信妳是有能力的，我怎麼會把讓這家公司起死回生的重大任務交給妳呢？這對妳而言是另外一個程度的挑戰，我相信以妳的個性，妳會願意接受的。」

聽了這番話思考後，我就跟老闆說：「好，我去！我一定不會讓您失望的。」

其實那個時候很年輕，根本還不夠成熟，就是憑藉著一股衝勁以及想要挑戰的心情才說出這樣的話，講完這番話當時其實心裡是惴惴不安的。

而當我接任這家公司總經理後，我做了所有資源的盤點，發現了非常多問題，但我一直告訴自己：「危機不就是轉機嗎？」

可是我心裡深處仍然有另一個聲音，讓我忍不住去請問了老闆：「既然這家公司目前沒有賺錢，為什麼還要經營下去？」

老闆回答我：「妳要知道一個企業的經營不是只為了賺錢，更重要的是要為社會創造價值，為員工帶來生活的改善機會；賺錢只是手段，我們是可以想辦法克服困難的，但是如果因為困難就放棄夢想，放棄員工對我們的依靠，那我斷然不能接受。永續經營是一家企業的社會責任。」

這一番話對我這輩子影響非常的大，也重新奠定了我對於生命與人生價值的意義。然而，在我接手管理後，很短的時間內，公司就轉虧為盈。

那幾年間我每天都覺得能量滿滿，感覺自己處在一種攻無不克的狀態，用現在的話說，我已經有點飄了！

當年的我，才三十歲出頭，我除了受老闆重用擔任一間公司總經理，且經過我的管理整頓，讓公司轉虧為盈。當下可以用「少年得志」來形容我的意氣風發，感覺職場對我而言，就是我生命中的全部，且幾乎是可以掌控在自己的手中……。

本以為，我的人生會如此順風順水的下去，沒想到，因產業瞬息變化、競爭激烈，迎來了經營的瓶頸與困境。

我以為，命運可以掌握在自己手中這件事是天經地義，可是後來卻發現，人生彷彿不是絕對可以掌握在自己手中的。職業生涯都不可控，何來談掌控自己的人生呢？這段時間的我，又陷入了非常焦慮的狀態，懷疑自己的能力，懷疑團隊的能力，這樣的谷底我走了好長的一段時間。

心理學家亞伯拉罕・馬斯洛說：「如果你只有錘子，那所有東西看起來都像釘子。」

當你的內在開始轉向負面與恐懼的時候，其實你也很容易看到別人都是缺點，因此在管理上面我用了更多的管理工具、運用更多的策略、投入更多的資源、施以更大的壓力。

整個公司進入一種高度緊張和詭譎的氣氛。（這種感覺也是數年後一位離職的員工跟我分享的，他說當時每次我一進辦公室，大家就有一種皮要繃緊的感覺。）於是我又開始上更多的經營管理課程，把自己和同仁逼到一個極致，我甚至開始嚴重失眠，並陷入困惑與質疑。

◆我的人生就這樣了嗎？
◆我們真的能夠掌握自己的命運嗎？
◆還是就隨順著命運的運作而認命呢？
◆我們又能改變或創造什麼？

這些疑慮，在我心底深處不斷的反覆翻攪著，似乎在等著我找出答案！

面對種種的困惑，我不知該從哪裡著手。

而人在困頓的時候，最容易的就是找外界的幫助以及依賴無形的力量，於是我開始閱讀非常多的書籍，參加很多身心靈成長、宗教的課程，也許過於急切抑或者是學藝不精，上完課的時候讓我短暫獲得了心裡的安慰，但我並沒有發現解決我問題的真正核心。在我自己想要掙扎脫困、尋求答案的過程中，我發現很多人都跟我一樣，在生命的不同階段中遭逢挫折時，有人選擇認命，有人選擇消極抱怨，有人不斷掙扎卻找不到出口，但也有人積極的想要找到掌握命運的途徑或方法。因為我曾經陷入過混沌情境，所以我很了解在那個時候的迷茫，以及迫切想要找到一根救命繩索的心情。

有一天我看到心理學家卡爾．榮格的一句話：「往外張望的人在做著夢，向內審視的人才是清醒的。」這句話瞬間讓我腦袋拐了個彎，進入另外一種思考角度。

原來不是這些課程無效，而是一直以來我去上課的心態都是在往外求方法，也就是像拜拜一樣讓神明來幫我，而忘了自己才是一切事物的起點。這期間特別感謝陳啟銘老師的生命智慧課程及黃天琳老師禪修班的一路教導，啟發我能夠以系統性的架構來解讀生命的議題，得以一窺宇宙法則的奧妙。

我終於發現了問題不只是經營管理的方式有沒有問題，或者團隊目標設定是否精準，行動是否落實，又或者是能力不足，而是我沒有看見「人的心、靈運作方式」才是一切的根本。身邊所發生的一切事物，只是用來提醒我們內在運作的本質，就是我們的心念所投射出來的一切現象。如果我們想要改變外在的一切，那就得從自己的起心動念開始。

有句話說：「想法決定行為，行為決定習慣，習慣決定性格，性格就決定了命運。」但我一直想要拆解中間的運作方式。

原來我們一直著墨於外在行為層次的調整，忽視了身體的行動之內還有意識的認知，意識之內還有靈魂（潛意識）的力量，潛意識之內還有集體的深層潛意識（詳見第59頁，圖3）深刻的影響，這一切的集體運作便會更強化因果循環的作用。

了解這道理之後，管理對我而言就只是一個表層的應用工具。我終於找到一個可以深化行為改變的邏輯了！那就是統合身心靈的能量、敬畏宇宙的法則。我開始從內心去找到一個對生命運作的立體拼圖。

這才發現所有管理工具的應用不在於它有多麼的高超絕倫，而在於是否能啟動內在的力量，相輔搭配，讓每個人可以知道自己的心念就可以主導一切的外象，每一個剎那間的念頭和選擇，每個一念之間瞬間就可以改變生命的軌跡。

體會到這一點，我對生命充滿了無限的希望，我不再受困，也不再恐懼。我終於了解什麼叫做潛能無限，我終於了解為什麼命運是可以掌握在自己的手中！

於是我開始用這樣的認知進行著我的管理，我發現，就算遇到困難，我也不再恐懼受困，因為我知道只要願意改變，每分每秒的選擇都可以改變我們的命運！這本就是宇宙的法則，只是我們把自己看得太大了，以為自己的腦決定了一切，而未能窺見心念的運作、靈魂的造作等生命的智慧。我花了多年的時間探索這個議題，當我的內心有這麼大的感動時，我第一個想法就是把這些訊息分享出去，我希望大家的生命歷程都在一種充滿希望，而且無有恐怖的狀態下進行。

我構思了許久，一直在想我要用什麼樣的方式才能有效地分享出去，並且幫助跟我一樣曾經受困的人？

在這裡要特別感謝我的一位貴人——秦嗣林先生。

他不但是一位成功的企業家、主持人及暢銷作家，同時又能把事業、家庭、休閒生活及朋友關係之間經營得如此圓滿、悠遊自在。

他經常與我分享經營人生的看法，我在他身上學習到什麼叫通透又充滿智慧的人生。我之所以想到出書，也是由於我看到他運用寫作傳達一些人生歷練與智慧，所以啟發了我想要用書寫分享自己理念的念頭。

在此特別感謝他能在百忙之中為我的書寫序。

整本書籍，是以圍繞著數位強大的女性歷程做出發，在此要感謝我的女性事業夥伴們，因為是女性，在成長的過程總是受困於外在的條件以及處境，更受困於女性的宿命。從她們克服困難的過程所展現出來的生命韌性與能量往往讓人非常感動，所以借由她們的故事更可以貼切的去闡述這些訊息，尤其要感謝同仁陳怡帆，在完成本書過程當中，執行各項編輯與彙整的工作，以及出版社潘副總編輯的指導，才讓此書得以順利完成。

我希望因此能讓更多人看見這些姐姐妹妹們努力的故事，看見自己內在本自具足的力量，找到跳脫因果的生活智慧，活出一個有價值的人生。

1

R姐 心想如何事成？

【身心靈交互作用】
觀照內在且專注行動，
精準走向心想事成之路

R姐的工作是一家開架式通路化妝品的業務專員，在家庭是個單親媽媽。雖然工作與家庭兩頭忙，所幸有母親同住可以幫她照顧小孩，所以她總能夠安排妥當。

之所以選擇當業務，是因為業務工作採獎金制，達成的績效越高，領的獎金就越多，足以讓她撫養小孩和母親。因此她總是全心全意的投入，想要創造更多的業績以領到更多的業績獎金，這種義無反顧的努力態度很快地就獲得了上司的賞識。

由於進入公司三年以來績效表現優異，又適逢原來的上司屆齡退休，所以被公司晉升為地區業務團隊的主管，剛開始她非常的惶恐，心想：「在團隊裡我算是資淺的，來當主管會不會有人不服啊？」

但是她的上司送她一句話說：「我敢讓妳當主管，我都不怕了，妳在怕什麼？」

因為上司的這一句話，R姐就像吃了定心丸一樣，開啟了地區業務主管的工作篇章。

可以想見，第一次當業務主管的她，一開始並不是那麼的順利，尤其是要克服內心的障礙，以及角色的轉變，本來跟她是同事的工作夥伴，現在變下屬，甚至有些同仁比她還資深。

我們就來看看她到底是如何用同理心去化解，並解鎖夢想顯化的五步驟來引導自己與大家？

R姐面對新的業務挑戰，她立刻設定成長目標與計劃。心想自己以前也都是這樣做的，接下來就是怎麼跟屬下們溝通。

她的起手式，就是召開一個地區團隊的誓師大會，跟他們宣布各自要負責的目標，然後聽他們有什麼看法。但事情並不是她想的這麼簡單。在她召開這個會議的當下，同仁們聽到R姐所賦予的任務，當場氣氛變得有些詭譎，一陣冷漠之後，R姐就請大家說明一下他們對新的規劃有什麼看法，但他們卻紛紛地提出他們所遭遇到的困難，並要求更多的資源等，言下之意就是以目前的情況，R姐所定出來的這個目標是不可能達成的。

本來新官上任三把火的她，在這一場會議之後就被迅速澆熄了！她甚至認為會不會因為她是女性主管而不被接受。

提著公事包正要下班的她，在公司門口遇到了她的上司，上司一看到她的臉色，就知道她應該是遇到困難了！上司問說：「今天的會議一切還順利嗎？」

R姐回說：「我現在才知道當主管和自己作業真的有很大的差別，他們會不會是因為我的資歷太淺或者因為我是女性而不配合呢？」

上司問了一下狀況，便告訴她：「職場上是靠實力說話的，我不排除有人因為妳是女性主管而不太能夠適應，但是我希望妳接納這個事實。重點是妳必須做出績效才能站得住腳。」

R姐回說：「那麼您為何不選男性來當主管而選我呢？」

上司回說：「我從來不以男女性別來當人才評估的條件，妳自己是女性為什麼還這樣妄自菲薄呢？」

R姐回說：「可是如果他們不願意配合，我如何完成績效呢？」

上司回說：「現在當主管的人是妳，妳要養成獨立思考的習慣，扛起責任來，去思考如何讓團隊的成員能夠配合，這是主管應有的態度。而且千萬不要把妳是女性這件事當成妳完成不了目標的理由，如果妳想要別人公平的對待妳，妳就得拿出對等的能力，證明妳是可以的。我可以引導妳，但是妳絕對不能依賴我，這才是公平競爭。

我現在請妳再回頭想一想，妳在負責自己的業務時，為什麼那麼勇敢的挑戰高目標，而且使命必達？」

她回說：「因為目標本來就應該要完成呀！」

上司再問：「那妳為什麼會克服萬難，不會中途放棄呢？」

她回說：「因為我知道我要什麼，我知道我為何而戰，所以我不會放棄。」

上司問她：「妳為何而戰？」

她立刻回說：「我是母親獨立撫養下長大的，而我現在也是單親，我得撫養母親和小孩，我沒有後退之路。而且我媽和我們一起住在一個舊公寓的四樓，每次我看到她買完菜拎著東西爬樓梯的過程那麼吃力，我都覺得很對不起她，所以我要買房子，而且一定要有電梯，這就是我這麼努力的原因。」

這時候上司笑笑地回她說：「那妳知道他們每個人為何而戰嗎？」

「為何而戰？」這一句話，就這樣在R姐的腦海中日夜盤旋，有一晚她在陪兒子寫作業的時候，她就問：「你知道為什麼要努力用功讀書嗎？」

兒子很無奈的說：「啊你們都叫我要用功啊，那我就用功嘍！」

她問說：「那你這樣開心嗎？」

兒子就翻了翻白眼、聳聳肩沒回話。

這個時候她突然領略到上司的意思，心想：「對呀，我完全沒有跟他們個別溝通過，我根本不知道他們在想些什麼，他們自己心裡對目標到底有什麼想法？這些我都不了解呀！這根本無關我是否是女性的主管，而是雖然我自己很清楚我為何而戰，我在追求的是什麼，於是我就很理所當然的認為別人應該都跟我一樣。

像我對自己的小孩好像也從來沒有跟他溝通過這些事情，他為什麼要好好讀書？如果讀書只是因為老師的交代、父母的期許，要是我也會覺得很沒樂趣、不開心。」

於是她當天晚上就和兒子做了一次深入的溝通。

隔天她就約談她團隊中一位成員。

這位成員很直白的回答她：「談業績就談業績，問這些做什麼？」

她回說：「那我問你，如果你遇到困難的時候你會怎麼做？」

那位同事說：「想想辦法呀！」

她再問：「然後如果做不到呢？」

那位同事就說：「那就下個月再努力呀！」

談到這裡她就懂了！人要放棄目標是很容易的。
最後她問：「那你為什麼要來這裡上班？」
那位同事回說：「當然是為了賺錢！」
她再問：「那你賺到錢之後要做什麼？」
聽到這裡，這位同事沒有立刻回答，反而陷入一個沉思的狀況。

這一次的會談讓她更深入的領略到，人的內在如果沒有足夠的動機、沒有下定決心、沒有非達到目標不可的理由，要放棄是很容易的。

所以她也開始想：那我的團隊成員們他們到底想些什麼？他們的動機是什麼？什麼是他們會堅持努力到底的理由？

於是她開始一一約談：先問他們，對於目標有什麼想法？再逐步詢問：這份工作收入的背後對他們有什麼意義？能對他們的生活品質有什麼改善？或者對他個人成長有什麼幫助？

約談之後，雖然有些人還是不太願意跟她深談，但她終於找到團隊大部分成員個別想努力的動機，有人要買房子，有人要送小孩出國唸書，有人要改善父母的生活……

R姐也因此再一次的更確定自己的決心以及更明確自己奮鬥的目標。難怪她總是不怕困難，不斷地往前進，挑戰更高的目標。

原來夢想和目標，是我們發揮潛能、不斷前進的最大動力來源。

因此R姐解鎖了夢想顯化的第二個步驟，那就是除了目標設定之外，要了解想要這個目標背後真正的原因。

你一定以為這樣一來，團隊應該能達成共識了，然後就可以一起努力奮鬥。但其實R姐的挑戰才正要開始！

接下來的日子裡一切都照著計劃進行著，偶而有些挫折跟困難，但大多還可以處理。

不管目標有多明確，計劃有多縝密，甚至找到內在的動機，但R姐又發現了一件事：既然得到大家一致的同意，也激發了他們內在的驅動力，但發現有部分的人依然裹足不前，還是用原來的老方法在做同樣的事，卻又希望有不同的結果發生。

有時候她甚至心想：「我自己來做業績還比較快！」R姐一直對這個狀況感到很困擾！

一天晚上又在陪著兒子寫作業的時候，她問了兒子：「你上次訂的考試成績目標，現在進度怎麼樣了？」

兒子哭著一張臉說：「別再給我壓力了！我光是想到每天要花那麼多

時間去準備考試就害怕，而且萬一做不到怎麼辦？」

她問：「你為什麼會覺得你做不到？」

兒子回說：「我從來沒有考過那麼好的成績呀！那怎麼可能啊？」

她心想：「我知道阻礙行動的問題在哪裡了！」

R姐自己也在想：「對呀！我自己也沒當過主管啊！帶領團隊的工作是我從來沒有做過的，其實我內心是害怕的。那我的團隊成員在接受新的目標挑戰時，他們是不是也會擔憂害怕呢？」

於是R姐開始安排定期的和每位同仁做跟進溝通，了解他們的心理狀態，也就是說他們在害怕什麼？有什麼擔憂？並提供一些解決的方案。

同時帶著大家一起勾勒達成之後他們能夠改善生活的哪些項目，例如給父母孝親費的時候父母臉上的笑容、帶老婆跟小孩全家去旅遊的時候他們開心的樣子、進步的成就感……，這些會帶給他們什麼樣的感受？讓他們身歷其境的去體會到完成夢想的感覺是什麼！

回到家之後，她馬上找兒子問他說：「兒子呀！上次寫作文的時候老師要你們寫長大以後要成為什麼樣的人，你還記不記得你說什麼？」

兒子回說：「我記得呀！我說我要當科學家。」

她又問：「那你有沒有想過，當你成為一個科學家的時候，你要發明些什麼東西？那是什麼感覺？」

這個時候兒子的眼睛突然發亮，然後開始劈里啪啦講一堆……。

R姐終於解鎖了顯化夢想的第三個步驟，那就是要觀照過程中的感受與情緒並加以適當的處理，而不是一味地講道理。要時刻提醒每一個人達成目標時所帶來的景象而產生的情緒感受，這樣的情緒感受才能抵抗因害怕或過去失敗的經驗的心理陰影而產生的負面能量。也就是把完成目標那個畫面烙印在自己的心中，覆蓋上原有的負面畫面。就像R姐在心中就有一幅母親在一棟大廈裡面搭電梯、牽著兒子，臉上洋溢著笑容的畫面，而這個畫面就是她一切驅動力的來源。

接下來就是第四個步驟：持續行動，重點是要了解行動有沒有按照計劃進行，以及在行動當中產生的一些問題所帶來的心理變化，包括害怕與退縮，或者技能需要提升。

要知道人是慣性的動物，要改變並沒有那麼容易。

有一句話說：「習慣比發瘋更可怕」，我們往往用自己習慣的做法，卻又期待有不同的結果，這不就是發瘋了嗎？

於是R姐很密集的與團隊成員定期溝通，找出行動的盲點，安排一些培訓，激勵團隊成員願意改變並學習新的技能，以提高心理素質與行動的品質。

R姐自己也利用工作以外的時間去進修有關管理的課程，因為計劃必須依據目標，但行動能力必須匹配計劃。

你以為接下來就一切順利了嗎？其實並不然，一季之後的結算，他們的目標並沒有達成。

同時兒子的成績只進步一點點，並沒有達到預期的成果。

這一天R姐下班的時候像一隻鬥敗的公雞一樣垂頭喪氣，這個時候她的上司出現在她面前，她心想這下子應該是要被檢討了！正想開口解釋的時候，被她的上司打斷，上司說道：「妳負責的單位這一季的績效沒有照規劃的目標達成，妳有什麼看法？」

R姐帶著有一點沮喪又對自己有一點生氣的口氣說：「我不夠努力，原來我做了那麼多事情，好像也沒什麼用。我是不是不適合當主管啊？」

上司說：「妳知不知道學習也有成長曲線的（圖1）？如果方向正確，接下來就是每一次差距的修正，這需要時間，更需要堅持下去，好不容易妳有這一次的機會，妳必須相信妳自己，更需要相信妳團隊的成員。」

上司問：「妳會不會煮菜？」

R姐說：「會呀！」

上司又問：「那照著食譜做，妳第一次就做得很好吃嗎？」

圖1 學習成長曲線圖

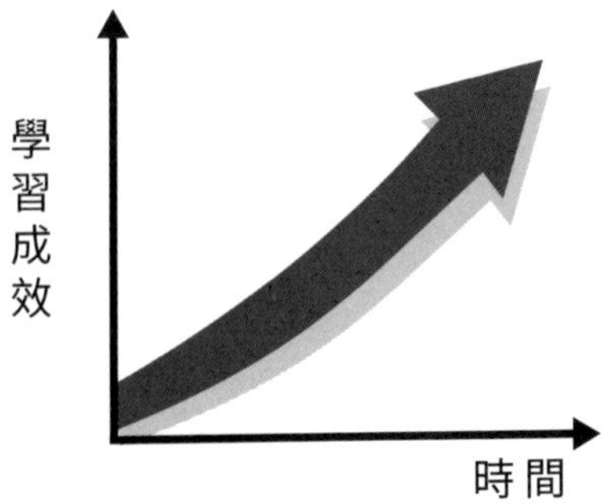

她笑了笑：「當然沒有！」

上司問：「那妳多久後才開始煮得很好吃？我再問妳，妳兒子第一次站起來開始走路的時候就會跑嗎？」

她回說：「怎麼可能！」

上司又問：「那妳會不會因為他走不好，就決定讓他這輩子坐輪椅，不用學走路了？」

她回說：「瘋了的父母才會做這種事！」

上司說：「那妳為什麼對自己和妳的團隊成員這麼快就失去信心呢？」

當她聽到這句話的時候，突然間好像被雷劈到一樣的醒了過來。

於是道了聲謝謝說：「我懂了！謝謝您。」然後匆匆的趕回家。

當天晚上她又找了兒子來做一次溝通，她拿出了兒子第一次走路錄下來的影片給兒子看，然後跟他分享什麼叫做「相信自己是可以的，並欣然接受結果」。

兒子開心的對著媽媽笑了笑，露出「我懂了」的表情。

往後，R姐無論是帶領團隊挑戰完成目標，或是在教導兒子成長，可能依照計劃發展，也可能又出現其他挑戰，但她相信，自己已經朝著正確的方向前進。

那些姐姐妹妹們
教我的事

很多人認為事情只要照著步驟執行應該就沒問題了！但是人是理性與感性交錯的產物，更是意識與潛意識競爭的結果。

在執行的同時其實更重要的是心理素質；在有了夢想、設定目標之後的想法、過程中的情緒、能否持續行動，以及能否信任生命本自具足的力量並欣然接受成果，然後再接再厲。

這些心理素質的養成才是我們追求人生目標過程中最重要的續航力，也是顯化夢想的關鍵因素。這是生命的本質，卻也是人性的挑戰。

理解這個道理並懂得運用在生活之中，便能真正體現我們生命的智慧，心想就更能事成了！

小建議：

誰都想要心想事成，但如果只是在表面層次設定目標計劃與行動，而忽略了內在心理層面的阻礙，例如：負面的思考、過去的經驗所帶來的恐懼等，也是不能成的。因為這些情緒會拉扯我們對準目標的行動力與意願，另一方面潛意識裡面的信念更是主導我們的行為更深層的變數，所以想要夢想成真不是單靠簡單一句「心想就能事成」，而是一連串的思考、行動系統以及與自己潛意識作戰的過程。以下就來談談潛意識，是如何在主導我們的命運。

1、生命的活動是由身、心、靈的相互作用交織而成的。（取材自陳啟銘老師）

「心」，即意識，「靈」，定義為潛意識（圖2）；另外一部分是由文化、集體價值觀等構築而成的集體潛意識（圖3）。

心念一動便會牽動潛意識（包括我

圖 2 身心靈結構圖

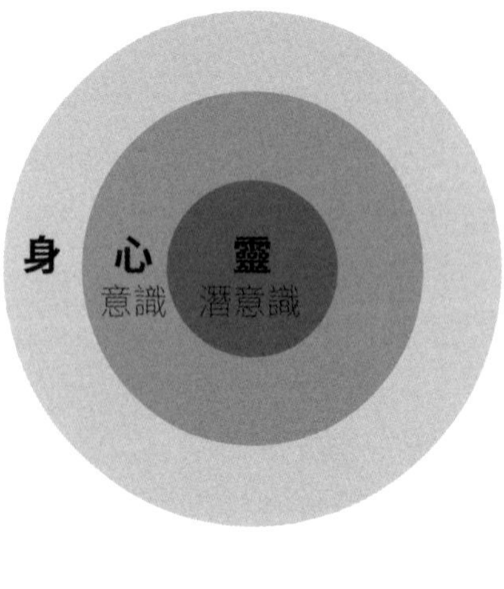

們的信念、價值觀、過去的經驗、所受的教育……交織而成的），用另一種說法叫：引動業因。當我們做出反應然後回歸到意識的層面做出決定，即會創造出業力（業不只是壞的，也有好的），這就是心靈交互運作的結果，最後輸出到身體做出行動。

不斷的重複，久而久之就養成了習慣，好的習慣會變成我們的底蘊，如果是失控的壞習慣不斷重複就會積習難改，成為不好的習氣。各種業因、業力的造作進而就創造了我們的命運。

所以心想事成不單只是意識，而是牽動到潛意識的問題，因此如果心想不事

圖 3　個人意識、潛意識與集體潛意識圖

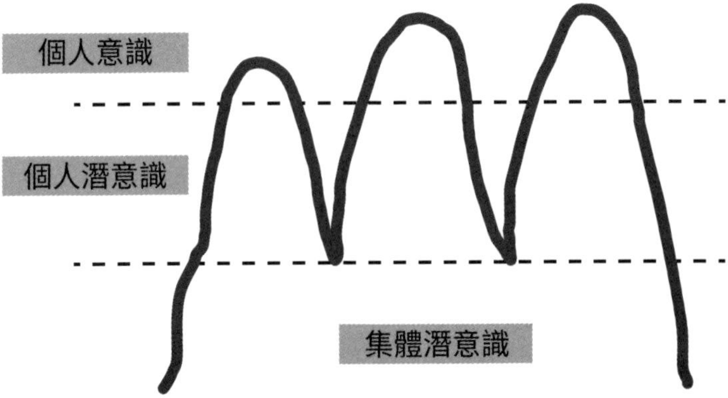

成，那就可能不只是意識層次，而是包含潛意識的問題（圖4）。

因此須檢視自己的信念系統，例如相不相信自己是可以的、相不相信自己是有潛能的、相不相信人只要願意都有機會改變的、相不相信身為人就能活出價值……，以及追溯內在的經驗值，覺察到引動心想不事成的深層因素，例如恐懼、害怕、匱乏、失敗的陰影等，捕捉這些阻礙自己心念的因子加以調整，才可能做出改變命運的決定。

▲圖4 源自薩提爾「冰山理論」

2、守護你的心念。

可想而知在事成之前內心的意識、潛意識以及深層潛意識就已經在交戰著，若是想要的心不夠強烈及對頻，其實心念時刻都可能被自己的內耗擊垮。所以放棄夢想不是放棄，而是夢想還沒成形，意念就瓦解了！所以了解成因、時時觀照內在的變動加上專注的行動，才能精準的走向心想事成之路！

3、生病不只是身體病了。

相對的身體會出問題，也大多是由身、心、靈交互運作而反映出來的。因此有人說病是想出來的，甚至有因果病的說法，那便是有對自己身體不利的情緒及認知，不停的內耗糾纏所形成的一種力量，進而影響思想、行為與生活方式。再久一點就變習氣，再頑固一點就生病了！是由意識、潛意識及深層潛意識參與造作而形成的。

因此對情緒保持高度覺察，進而找到心靈失衡的原因，可以加以調整。

這也是在接受醫療的同時，可以考慮同步內在自我療癒的方式。

在意識上保持專注、時時捕捉紛亂的念頭、情緒，察覺、釋放、再專注，如此形成慣性的心念運作循環，便可以一點一滴的降解深淺層潛意識的糾纏，這便是一種可行之道。這就是為什麼很多人說「命中注定」的原因。因為不了解身心靈的交互作用及生命運作的系統，因而沒能解構命運形成的因素，所以無從下手掌握進而創造。

只要我們保持高度的覺察力，偵測自己的信念、情緒波動的來源，去捕捉那些封印我們自己的認知因子，命運的大概率就在自己的掌握中了！

2

丁姐
你不是誰的誰！重點是你是誰？

【夢想】

勇敢追逐夢想，利他的夢想更能匯聚大力量

她本是一名護理師，跟醫師結婚後成為了人人稱羨的醫師娘，後來她的醫師老公出來自己開診所，診所非常忙碌，所以她理所當然的在診所內外忙進忙出的打理著。她懷孕之後退下了職場，成為一個專職的家庭主婦，在五年內「晉升」為三寶媽。

生活看似一切順遂，可是這位醫師娘卻老覺得內心有種空洞的感覺。每當她和家人、朋友們表達這種感覺時，卻被認為是「人在福中不知福」。她到底怎麼了呢？

J姐自從嫁給醫師之後，所有的朋友家人們都覺得她找到了一個非常好的歸宿，後來醫師老公決定要自行出來開業，由於J姐本身是護理師，以他們兩位都是專業人士來看，都覺得這是一個很棒的創業機會。

每天穿梭在診所裡的護理師與患者之間，J姐是一個無法取代的存在。由於是自己的診所，J姐更是全心全意的投入在工作上。

當她知道自己懷孕之後，她與老公兩人都非常的開心，心想診所已經穩定了，那她就可以回到家中全職當一個家庭主婦，專心照顧小孩。就這樣在五年之間，J姐很快的成為了一位三寶媽。

三個小孩的成長過程，J姐全心全意的照顧，而且往來在學校與才藝班之間的接送都是親力親為。在外人的眼裡，J姐的人生就是一百分！當小孩更大以後，J姐開始陪著老公出國參加醫學研習或者參與老公的一些社團活動，順便到處走走，日子看來非常的滋養。

空檔的時間，她也把自己的生活安排得多彩多姿：學畫畫、學插花，過著所有女人都羨慕的生活。

不論她跟著老公去參加醫學講座，或者參加社團活動，當大家在介紹她的時候，都介紹說，「這是某某醫師的夫人。」

剛開始她認為妻以夫為貴，感覺蠻好的，在學校被稱為「醫師娘三寶媽」，也讓她覺得非常有成就感。

有一天她走在路上遇到環保團體的問卷調查，邀請她填寫，她想：「好吧！來為地球盡一份力」，於是寫了那個問卷。完成後，工作人員請她簽名，她很自然地就寫下N醫師夫人！

那位工作人員有一點不好意思的說：「小姐，方便的話可不可以請妳留下妳本人的名字？」

這時這位醫師夫人要下筆時頓了一下，工作人員以為她不願意留下名字，其實是她突然驚覺：「我有多久沒有被以自己的名字稱呼了？」

這件事情之後，J姐就常常若有所思，有一天她跟好朋友們喝下午茶，她跟朋友說：「我覺得我的生活好像欠缺了什麼！」

朋友們開始消遣她，說：「妳真是人在福中不知福！這麼好的老公，這麼好的經濟條件還有這麼棒的三寶，閒暇還可以做自己想做的事，妳還有什麼不滿足？妳要讓人羨慕、嫉妒、恨嗎？我看妳是太閒了啦！」

她心想：「三個小孩接送，還有我自己報名參加那麼多活動，我的時間都排得滿滿的，我怎麼可能是因為太閒而有了奇怪的想法？可是我明明老覺得心裡空空的……」

日子仍舊緊湊而井然有序的一直過下去，有一天她看著電視裡面給小朋友看的短片，劇中的老師說：「各位同學，我們開始來上作文課嘍！題目是：我長大了，要成為怎樣的一個人？」

大家交了作業以後，老師就請每位同學舉手發表他們的看法。

有的同學要當太空人、有的同學要當老師、有同學要當醫生、更有同學要當總統……

其中最引起注目的是王小明同學說：「我以後要成為一個快樂的人！」

老師笑著問說：「你認為什麼樣的人叫做『一個很快樂的人』呀？」

王小明開心的回答：「就是要讓大家知道我王小明是一個好人，這樣我就很開心了！」

「我王小明是……」這句話不斷地在醫師娘心中重複著。

突然她深埋心中的一個念頭冒了出來：「老師，我要當一名作家！」

這個夢想早就被塵封在心裡的深處，原來這麼多年來因為自己的工作及為了照顧家庭，她一直圍繞著丈夫跟小孩打轉，儼然是他們的衛星，久而久之卻忘記了自己就是一顆太陽。夢想就這樣消失不見了！

J姐這才想起來在自己的 Line 朋友群組中本就有一堆人來詢問她有關育兒的常識，她也一一的回答了好長一段時間。於是她便想，不如我用更系統化的方式來輸出這方面的知識，不但可以幫助更多人，同時也可以滿足自己寫作的慾望。

於是她也更改了臉書的標題，從「醫師娘三寶媽的生活點滴」改成「J姐的健康小學堂」，開始在臉書上分享許多以她自己專業背景為出發點，照顧小孩跟女性自我保養的一些小常識，獲得了不少的粉絲。她心想，等日後文章量夠了，再來集結成書。

有一天老公跟她說：「既然妳的粉絲已經好幾千人了！而妳的夢想是要成為一個作家，不然我們就來跟出版社投稿看看能不能夠出書？」

她回老公說：「真的嗎？你不擔心我因此就疏於照顧家庭？」

老公回說：「怎麼可能？妳現在不是已經都做得很好了嗎？」

於是他們就積極地跟出版社投稿，果然經過出版社的審核之後，就開始跟她洽談出書的計劃了！

原來夢想真的可以成真，而且如果這個夢想不只是為了自己的私利，而是為了要協助更多人改變他們的生活品質、人生價值，那麼連老天爺都會來幫你。

從此J姐還是每天依據節奏進行著日常的生活。但向著夢想前進的她，天天如同太陽一樣散發著光芒，臉上充滿著笑容，這就是所謂的幸福感吧！

那些姐姐妹妹們
教我的事

很多人因為自己的角色勇敢的扛起了責任，時而掙扎，時而樂在其中，總認為這本就是自己的職責所在。

J姐的生活應該是人人稱羨的，照理說不應該這樣雞蛋裡挑骨頭，難怪有人會說她是「太閒了」！

我相信有人會就這麼幸福美滿的過一生，但我看到更多的是：當老公功成名就，孩子長大各自展翅高飛之後，才發現自己的生活失去了重心，也失去了努力的目標，而所謂的夢想更是早就拋諸腦後。

小建議：

1、家庭與夢想並不衝突。

為家庭奉獻是一件很美好的事情，但不能因此而封印了自己內在的夢想，更不需要完全犧牲自己。

很多人在投入的過程中，一心只想著成就別人，卻忘了自己曾經有過的想望，忘了自己的夢想！

而卻在人生的下半場，當自己一個人面對自己的時候才發現：自己不見了！

但是不要怕來不及，只要你覺察到這一點立刻採取行動，夢想就會開始浮現，進而驅動你的生命力。

2、失去夢想的生命是殘缺的。

為什麼不敢有夢想？「夢想」是很多人不敢想、或不曾想的。是因為認為夢想根本不可能達成？或是因為沒有人引導過自己，而不曾想？甚至看到有些人在追逐夢想的過程失敗了，因而認為還是別想了，以免失望？

但我們要不要換一個角度想：沒有夢想的人生，代表我們的生命是沒有方向的，代表我們的生活沒有努力的目標；就像一艘船隨風飄蕩在大海中，不知何去何從，一直到能量耗盡為止。

生命的價值絕對不是就這樣過完了一生，而是在於創造。

追逐夢想的過程勢必跌跌撞撞，但這就是生命最精彩的創造過程。

3、保持覺察力打擊封印的力量。

所謂的「知足常樂」、「隨遇而安」，常常是被用來當作不願改變、不想努力的理由，經常把這幾句話掛在嘴邊的人其實是不斷地在自我暗示，一旦遇到需要改變或者需要挑戰的局面，就會從潛意識裡面冒出這幾句話。

所以我們必須保持高度的覺察力，當這種訊息時不時的出現時就要警惕自己，是不是被封印了！

4、夢想就是願力，願越大，力量就越大。

設定夢想有一個很重要的關鍵，就是如果是為了私利，那麼這個夢想成就的能量就不可能很強大，而最高的能量來自於你的夢想是為了要幫助更多人去提升生命品質，這樣其他人的力量就會灌注到你身上，助你實現這個有利於眾人的夢想，這就是宇宙能量的法則。

女性比較容易陷入這樣的情境，以家庭為重，以小孩的成長和丈夫的成就為榮，成就了別人但卻封印了自己的夢想，這樣的人生總是會有遺憾。

如果你有感覺到內在的一股蠢蠢欲動的心緒，卻無法找出原因，就請靜靜的聆聽吧！

3

B姐大個闆燒鍋的故事

【信念】

選擇有利自己的優勢市場，
小成果能堆疊出大成就

拜訪地區業務領導人，同時在她的陪同下，去了解她的商圈，是我當時的工作日常。

有一天跟著B姐去了解她的商圈，她的經營範圍很廣，橫跨了整個山區，這一次的陪同讓我大開眼界。

我們開著車，沿著山路，每到達一個小區就有人大老遠的跑來打招呼，這位送咖啡豆，那位送青菜……，只差沒有抓一隻雞給我。

這趟我真的沾了她的光，我開玩笑的說：「早知道帶一卡空皮箱來裝！」

我非常好奇，她是怎麼做到的？為什麼她的顧客們跟她的關係這麼好？

B姐本是一間小型紡織工廠的老闆娘，在台灣這項產業開始產生變化時，她就警覺到工廠必須轉型或者她得轉行。

但因為她的老公長期在海外工作，家中事物、一家老小都由她一手操辦照顧。考量到紡織產業的變化，她毅然決然的結束了工廠，全心照顧家庭。

但內心那股想要有所作為的心一直蠢蠢欲動。

在一次的機緣下，她看到了一個商機。而且心想大半輩子的積累也不想再冒險投資了！因此就想，不如來試試這個不用再投入資金，又可以照顧家庭的創業機會。

當她下定決心要經營這個事業之後，她還是把照顧家庭設為優先目標，並開始著手規劃。

首先她一口氣買了六個悶燒鍋，為了要善用時間，不想耽誤小孩回家用餐，她每晚備料，到了第二天一早放入六個悶燒鍋，等她外出作業完，一回到家就可以端出熱騰騰的料理再現炒個青菜，這樣就是一頓完整的晚餐。

這一頓操作看在我這個不會做菜的人眼中，簡直太有智慧了！回到她家，我也吃著傳說中的悶燒鍋料理。

我邊吃邊看著她桌上堆疊著一大落不下十幾本的筆記本，我笑著跟她說：「哇~妳這麼認真記筆記呀！」

她回我說：「這些是我的顧客名單。」

我問她：「妳哪來這麼多的名單？」

她回說：「每天回家我都會寫下來今天接觸了哪些人，哪些顧客介紹了哪些新朋友的名單。」

經過她的同意，我隨手抓了幾本翻開來看，驚訝的發現這本子不只是名單，還密密麻麻的紀錄著每一個顧客使用產品的狀況及後續的服務細節。

我詢問她：「這麼多顧客，妳怎麼這麼了解她們？又如何一一的照顧？」

她說：「就像今天這樣，開著車沿著山區，每到一個小區就把顧客聚過來了解一下他們的使用狀況和需要協助的地方，久而久之，大家都好像好朋友一樣，每次見面都很開心。

每一次跟他們的互動之中，看著顧客的改變感覺自己在做著很有意義的事情，妳現在喝的咖啡就是他們送我的，好喝吧！」

我笑著回說：「妳如果出來選民意代表，保證凍蒜。」

她邊煮著咖啡邊笑著回我說：「別開玩笑了啦！」

我也發現她是一個很會為自己設定目標的人，她把家中想要購買或需要更新的小家電都貼上了標籤，一旦她完成某個目標所獲得的利潤就會拿來更新或購買這些小家電。

接著我注意到她開著的平板電腦螢幕上有大量的影音資料，隨便點一個出來都是有關如何開拓市場、解說產品，及如何照顧顧客、如何做好服務、如何擴大自己的商圈的做法與技巧。

我跟她說：「妳很會收集資料哦！」

她回我：「其實我很不會記筆記，聽課的時候常常跟不上，於是我就跟我兒子說我要買一個平板，請他教我怎麼樣錄音、怎麼樣下載影音、怎麼樣歸檔。

我現在在開車的過程中都會播放上面的錄音，邊聽邊開車，比聽一些無關的廣播更有收穫，更可以善用時間。而且有些時候我自己講不清楚，就直接放影片給顧客看，這樣對顧客會更有幫助。」

我問她：「學習的過程應該不容易吧？很多人在學這些新的工具的時候都非常痛苦，妳為什麼不會放棄呢？」

她回我：「天下沒有白吃的午餐，不會就慢慢學呀！而且學會了這些技能對我的生意很有幫助！時代這麼進步，我們已經有一點年紀，所以更需要跟著時代進步，不然怎麼被淘汰的都不知道。」

同時她也很懂得犒賞自己，每一季撥一筆預算為自己添購一套新裝作為獎勵。因此還發生了一些小插曲，不明就裡的左鄰右舍們常常議論紛紛：這個老公在海外工作的女人，怎麼每天進進出出，打扮入時，到底在做些什麼？

有一鄰居就鼓起勇氣問她：「妳到底在做什麼啊？每天打扮得這麼漂亮，看起來又很忙……」

她回說：「我在銷售化妝品呀！」

那人拉高聲調說：「唉唷～妳怎麼在做『那個』？」（『那個』指的是『銷售』）

她笑著說：「不然這樣好了！你每個月給我十萬元做生活費，我就不去做『那個』！」

那鄰居驚回：「妳的生活費關我什麼事？」

於是她就回說：「是呀！那我正當經營，我做什麼行業，關你什麼事？」

太帥了！

我問她：「妳怎麼知道妳自己的選擇是對的？」

她回我：「其實妳也知道我經營化妝品銷售不只是為了賺錢，那是因為我本來就是一個非常愛漂亮的人，我在服務顧客時也把她們變成一個漂漂亮亮的女人，因此大家都很感謝我、很歡迎我。我覺得這是一個很有成就，而且讓我覺得很有樂趣的過程。選擇一份自己喜歡的工作，這樣子努力才能持久，對吧？」

那些姐姐妹妹們
教我的事

在B姐的身上，我完全看到女人超能力的體現。

小建議：

1、選擇對自己最有優勢的賽道。

到底努力和選擇哪個重要？我個人認為都很重要，但要先選擇才能決定努力的賽道。

從現在的時代快速變化與市場的激烈競爭來看，若以一己之力想要開創財富自由的局面，基本上是難度很高的，更何況要承擔高度的投資風險！所以如果想要開創自己的一片天，更要懂得運用資源整合的能力，找到一塊相對於自己條件而言具有經營優勢的市場，在通路建構上和其他資源或平台合作做有效的整合，並複製有效的經營模式，如此便能夠發揮最大的槓桿效力。

2、為自己而活，不活在別人的口中。

其實不必把別人的話看得那麼重要，很多時候我們自己所發生的事情都只是別人茶餘飯後的談資而已。

多數人一輩子活在別人的口中，卻有著諸多抱怨。想要過自己的人生卻又在意別人的想法，照著別人的意思活著又非常的痛苦，就這樣反反覆覆的折磨著自己的內心。終究就是不敢為自己的決定負責。下意識的覺得如果照著別人的意見，就算不成，到時候至少還有一個甩鍋的對象。

活在別人的口中，基本上就是把自己的命運主導權放棄了。

3、專注是戰勝潛意識脆弱層面同時建立信念的有效工具。

經營一個事業不管是哪個行業，「基本功」是最重要的，用一套有效的SOP（標準作業流程）重複操作久了，就會練就厲害的專業能力，久了就自然對自己產生強大的信心。

4、信念是來自於不斷的小成果堆疊出來的信心。

所以千萬別小看任何一個微小的時刻，因為這些都會影響到我們的信心指數，久而久之就會沉澱入我們的潛意識；因而能夠由深層意識對自己的心智源源不絕的發出訊號，進而形成我們的信念。

清楚自己為何而戰也懂得運用方法，且落實行動，才得以產生堅定的信念，支撐自己堅持走下去。

有些人不斷地改目標、又不停的放棄又重來，不想改變，卻又不斷的感慨著時運不濟，或懷才不遇。

如果這樣不斷地在封印著自己的意識與能力，這真的是在浪費自己的生命！

4

L姐 資優生的嚐百草之路

【目標、理念與價值觀】

目標、理念與價值觀，是所有行動的依據

第一次與她見面，她蹬著高跟鞋，咔咔作響，手裡拎著名牌包，走進我們的會客室。

她外型亮麗，表達能力極佳，說道她過去參加過太多的微商公司，也曾在一些大公司任職，並告訴我跳槽是加薪最快的方法。

她分享對每家公司的評價給我聽，告訴我之所以沒有在任何一家公司落腳，是因為沒有一家公司能夠提供她所想要的。

於是她便周遊於各家微商公司之間，甚至開了一家咖啡廳，認為這樣她便可以取得多方資源，占最大的優勢。

我問她：「妳人生最終要的是什麼？」

她並沒有回答我……

L姐是某國立大學企管系碩士畢業的，在畢業後的頭兩年就換了五個工作，平均每一個工作沒待超過六個月。

原因是她認為自己對管理的理念與做法都比她的老闆清楚，所以這些老闆都沒有達到經營管理的標準，因此一直在換工作，想要尋找心中認為的「最佳機會」。

第一份工作是一家代理日本機具的進口公司，她擔任總經理的秘書。之所以會離職，是因為總經理讓她去改善公司的庫存管理系統（那是一家非常傳統的公司）。由於系統工程師是外包的人員，不在公司內部，所以她必須與各個部門探討並整合內部意見，然後以她為窗口跟外部的系統工程師溝通。

以我現在的眼光看來，對剛出社會的新鮮人來說，這是一個相當難得的機會，能夠從現況的了解、分析、歸納、整合意見到溝通，並有專業人員協助找到改善對策並加以落實。這就是所謂的專案管理，對一個新人來講，如果不是總經理重用，是不可能給予這樣的機會的。

然而當時Ｌ姐的想法並不是這樣，她認為這一家公司實在太亂了！經營這麼多年了（由於是父親傳下來的事業，現在是二代在經營），庫存管理居然亂成一團，她心想如果在這裡待下去恐怕沒辦法進步，於是她跟老闆提出了離職，老闆問她為什麼，她回說：「我覺得公司的體質有問題，我在這裡沒有辦法發揮我的能力，而且我也學不到東西。」

老闆聽了以後有點惋惜地跟她說：「因為妳是企管碩士畢業的，我就是希望妳能夠幫我改善這些問題，既然妳這樣想，那我也就不留妳了！」

就這樣她錯失了一個對職場新人而言非常珍貴的學習經驗。

第二份工作，她入職一家中型廣告公司擔任ＡＥ（account executive），就是負責公司與客戶端溝通的窗口，由於她是個新人，所以行銷總監就派她負責一些小的客戶，也就是預算沒有很高的公司。

她開始覺得沒有被重用，但她並不知道，她在觀察公司，公司也在評估她。行銷總監先安排一些預算少一點的公司給她負責，一方面降低風險，一方面也不希望她在第一時間就承擔很大的負擔，同時當然也想試試她的狀況。沒想到她又覺得這裡待不下去，認為主管一開始就沒有想要好好的培養她，於是她又提出了離職。對於一個還沒進入狀況，就覺得別人沒有栽培她的新人，站在公司的角度肯定是不會留的。這一次她又錯失了一個鍛鍊自己的好機會。

到了這裡，讀者們應該會發現她的思維模式：

她一直要尋找一個一切具足的地方，讓她可以安心的、好好的發揮，但是她不理解，沒有一切條件具足的地方，而是妳的能力具不具足？而且她從來不知道所有看似困難與考驗的狀況，都是學習的絕佳機會。

我現在在這裡談笑風生，其實我也不遑多讓，大學剛畢業時，我也連續換了幾個工作，才開始覺得：「不會這麼巧吧！我遇到的老闆都有問題，這應該不是老闆們的問題，是我自己有問題吧！」

她以這樣的認知，兜兜轉轉的在兩年之間換了五家公司。第五家公司本來是她認為理想中的公司，因為公司的經營者是剛從國外回來的二代，對於經營公司有自己的想法，一直覺得老爸的方式太老舊保守了，他想要來個重大變革。在她看來這位老闆的理想與經營觀念的水平真的夠高，這應該就是她能夠留下來的好地方。但是她不懂的是，在商場上談理想時，必須要能先求生存。她在職不到一年的時間，這家公司就因為過度的擴充與採取高度的資金槓桿而導致資金周轉不靈，最後以倒閉收場。

偶然的機會下，她接觸到了微商，她分析之後認為這是一個可以投入的事業，因為這是一個在新型行銷浪頭上的行業。但在經營了一小段時間之後，她開始覺得她所加入的經營團隊及這家公司有所不足。因此在另外一家公司領導人跟她做推薦的時候，她覺得新公司也不錯，於是想要瞭解及做做看。組織夥伴問她：「可是原來那家公司的組織及顧客怎麼辦呢？」

她說：「我們可以同時做不只一家呀！每一家的產品又不一樣，基本上是沒衝突的，而且你又可以充分運用自己的時間。」這當然是她的理想，事實上，不論經營任何事業，如果不專注的話，是很難成功的。

於是她用這種觀念跟做法，又加入了另兩家微商分銷公司，並且同時導入其他公司的產品給她的顧客們。她認為自己這個方式是最好的，除了可提供她的夥伴們更多的機會，顧客也可以有更多的選擇。這就是她認知中的「多角化經營」。

她第一次跟我的碰面就是朋友介紹的，引薦她來應徵我們公司的一個職缺，但是我在跟她一番溝通之後，我只問了她文章一開頭所提到的那一句話：「妳的人生最終要的是什麼？」

雖然這一次的會面沒有獲得什麼結果，但是不知道是不是因為我那一句話有觸動到她，於是她時不時地會約我喝咖啡，說想跟我聊一聊。在幾次的相聚之後，有一天她非常開心的再度約我見面，我心想她肯定有什麼進展想要跟我分享，於是我依照她給我的地址找到了那家在巷子裡的小咖啡廳，喝咖啡的期間她很興奮地跟我分享她的新發展：「這裡就是我開的咖啡廳，妳覺得怎麼樣？」

我四處看了一下說：「妳不做微商了啊？開咖啡廳也不錯喔！」接著我很直接的問她：「妳這個咖啡廳在巷弄裡，跟前面大馬路上或連鎖的咖啡廳有什麼區隔？妳的賣點是什麼？」

（不要怪我職業病發作，這也是一筆不大不小的投資，我希望她是清楚明白的經營下去。）

她很興奮地告訴我說：「妳想想我有那麼多顧客，還有那麼多組織成員，他們來消費就不得了了，我根本不需要做什麼行銷活動。」我心想不妙，這個想法有一點太天真。

果然，六個月之後她又來找我，這一次我們約在別的地方喝咖啡。她跟我說她的咖啡廳收了，我問她：「為什麼？妳一開始不是都規劃好的嗎？」而她的答案，本來就在我的設想當中。

她說：「我的客戶散落在各地，他們不會為了我專程來這裡喝咖啡；而我的組織成員因為分屬不同的公司，他們也不想跟別人混在一起，怕彼此被干擾，自己的生意因而受到影響。而且咖啡廳開在巷子裡，過路客又不多。因此我的店根本就做不起來，這是我最近才發現的。」

我後來才知道，原來她的微商事業一直發展得不順利，這一點不令人意外，因為她從來沒有一個明確的願景，因此發揮不了領導作用，組織也沒有共同的理念、價值觀，因此團隊跟顧客都處在一種混淆與彼此不信任的狀態中。一切都是以利益導向，而不是對準一個目標長期的經營下去，這種做法無法獲得有長遠眼光的人的認同與支持。

這一次會面的最後，我還是問她：「妳的人生到底要什麼？」

你們猜這一次她會怎麼回答我？

那些姐姐妹妹們
教我的事

條件優異的L姐一直有很積極的態度，想要掌握住能夠好好發展的機會，但可惜的是每次機會來臨的時候，她便被一種短期利弊得失的評估方式給封印了！

由於對於自己的未來沒有一個具體的願景目標，於是所有的經歷都無法累積成厚實的底蘊，最終就在機會與問題之間不停的穿梭著。

小建議：

1、目標、理念、價值觀，是所有行動的依據。

在沒有人生目標、明確的理念（進退沒有依據）及價值觀混淆（認為利弊得失的考量著墨在短期的觀點）的情況下，就有可能不斷地錯失良機，等同沒有判斷良木及行動的依據。

就像文中我不斷問L姐的那句話：「妳人生最終到底要的是什麼？」雖然這是大哉問，但卻是我們必須時刻思考的議題，因為這會絕對主導我們生命的走向。

2、要用行銷的觀點來為自己定位。

不管是學習或者是實戰的經驗都是強化及累積自己價值底蘊的來源。這需要在明確的定位之下，才能鎖定方向長久的經營自己。如此一來，才能真正成為有本事的「良禽」。

3、學習也是要有目標的。

我看過很多人很樂於學習，但學習的東西五花八門，跟自己的人生規劃都沒有什麼關係，那就只能定義是一些休閒活動而已，並無法為自己的未來發展加分。

心理學家榮格有句話說得很有趣：「向外張望的人做著夢，向內審視的人才是清醒的。」沒有確立自己的人生目標，就算不斷地尋找機會，但由於價值觀的混淆，恐怕只會不斷地失去機會，變成了笨鳥亂飛！

5

H姐 靈不靈？

【思考】

保持覺知，理性思考，智慧行動

H姐當初跟著老公一起創業，在兩人的齊心努力下，公司進入一個穩定發展的狀態，於是H姐就回歸家庭照顧一雙兒女。

等到兒女長大以後，H姐真的是操碎了心。

不是因為小孩做了什麼脫序的事，而是H姐希望他們一生幸福美滿，所以在小孩面臨情感與婚姻選擇的時候，H姐就開啟了見廟就拜、逢命必問的模式。但也因為如此跟老公及兒女們鬧得很不愉快，到底發生了什麼事呢？

H姐的大兒子是一位資優生，從國立大學碩士畢業後，就在一家知名的高科技公司擔任工程師，由於兒子很宅，一直沒有交往的對象。

在一次朋友辦的交友活動中，認識了一個女孩子，她的兒子非常喜歡這個女生，兩人交往了半年，老媽也發現了兒子好像有女朋友，有一天就跟兒子說：「要不你帶她回來跟我們見個面吧！」

兒子覺得有些太快了，原本並沒有打算這麼快就讓女友見家長，但是經不起老媽的一直催促，於是在自己生日那一天，把這位女友帶回家吃生日晚餐。

老媽第一次看到兒子的這位女友，覺得她看起來很乖巧，長得也不錯。在一番聊天（身家調查）之後，才發現這位女友因為家庭因素沒能讀大學，只有高中畢業。

H姐的心中立刻演起了小劇場。心想：「這怎麼可以？我兒子這麼優秀、條件這麼好，要交女朋友選擇性可多了，我怎麼能讓他跟一個學歷不高的女生結婚？更何況我們所有的親戚朋友不是企業家，就是碩士、博士，如果他們最後結婚了，親友會怎麼看我們？」

於是當天晚上她就拉著老公說：「我們來討論一下兒子的女朋友。」

老公回說：「有什麼好討論的？這才剛認識，要成定局還早得很呢！」

她說：「那怎麼行，萬一成真了怎麼辦？」

老公問：「為什麼？」

她說：「這女孩子是不錯，但是，學歷太低了！配不上我們的家庭。」

老公說：「妳演梁山伯與祝英台呀！八字還沒有一撇的事，而且這跟配不配得上我們的家庭有什麼關係，妳不要那麼封建好不好？」

H姐從此對這件事感到憂心忡忡，心想：「我一定要防範於未然，兒子條件這麼好，再找女友機會多得是。我一定要來想想辦法！」

事隔一週之後，H姐和幾位朋友喝下午茶，席間談起了這件事，大家七嘴八舌的，有人勸她、有人給一些建議。其中有一個建議，讓H姐感到了興趣，那友人說：「去找人幫忙斬桃花！」

H姐忙問：「哪裡可以去找這樣的高人？」

那位友人熱心的回說：「我有認識，我帶妳去。」

話說H姐找人「斬桃花」之後，真的沒有再聽到兒子提起女友的事情，也有可能是他知道母親的態度，所以就不再提到這個事。

有一天H姐在經過兒子的房門時，意外聽到了兒子疑似在與他的女友聊天，感覺並沒有分手呀！這下子，她又開始心神不寧，打了電話和她的友人們打聽：哪裡還可以處理這種事情？期間還是有友人勸她：「不要這樣子管兒子的事，他有他自己的看法，都那麼大了！妳這樣介入會影響你們的關係的。」

H姐還是不善罷甘休，心想，兒子年紀還小，被愛情沖昏了頭，他根本不懂、不了解若家世背景差距太多，未來相處會很痛苦，會產生很多衝突的。她有一些嫁入豪門的女性友人，就是因為這樣而過得不開心。所以現在就算做壞人，她也要阻擋他們。

於是她又到處打聽，逢人便問、逢命便算、逢廟必拜。有幾次還偷偷地在兒子的飲料中加入符水。直到有一天，兒子在自己的枕頭下發現了一樣奇怪的東西，拿著去問他母親，H姐支支吾吾的說不出個所以然，兒子是聰明人，一看就知道是怎麼回事，於是很不高興的質問她：「妳到底在搞些什麼？」

H姐一被這麼質問，一陣怒火衝上了腦門說道：「你必須要趕快跟那個女生分手，她配不上你，而且我也不喜歡她。」

H姐對兒子的女友一陣批評，惹得兒子也跟著怒火中燒：「妳搞什麼？我有我自己的想法，我都那麼大了！我跟誰結婚不需要妳插手，了不起我離開這個家好了！我受不了妳這種莫名其妙的做法。」於是兒子就摔門出去了！

從那一天的爭吵之後，兒子就時不時地不回家過夜，甚至也不怎麼聯絡，這個情況把H姐惹到又氣又急。以兒子的薪資要在外面獨立生活並沒有什麼困難，後來才知道他向公司申請了宿舍，所以他就不怎麼回家了。

H姐又開始了另一款求神拜佛模式，她開始希望把她的兒子給求回來。她的焦慮與擔心，老公在一旁也看在眼裡。有一天晚餐時，老公跟她說：「孩子是老天爺賜給我們的，但並不是屬於我們的資產，我們不能試圖掌控他們，因為他們是有人生自主權的，身為父母我們只能在旁陪著、支持他們，必要的時候協助他們，就算他們跌倒了，也要獲取教訓，自己再爬起來。但是我們不能去干預跟主導他們的人生。妳被虛榮心給綁架了！不要忘了妳當初嫁我的時候，我雖然是名校畢業生，但我們也是從零開始奮鬥才有今天。妳的父母當初如果反對我們交往，妳會聽話嗎？」

H姐聽了這番話，陷入了沉思……

這個時候H姐的女兒在自己房間裡，聽到父母的對話，鬆了一口氣。

因為母親的這一陣操作她一直看在眼裡，本來心想，絕對不能讓母親認識自己的男友，不然自己的處境也會跟老哥一樣。她希望老爸跟老媽的溝通能夠奏效，不然自己以後可就有得受了！

兒子在老爸的苦勸之下，終於願意回家了，經過老爸居中協調，母子兩個終於願意好好的溝通。一天兒子主動約了母親去外面喝咖啡。

H姐開口就說：「你知道嗎？我做這些事都是為你好！你為什麼非要跟她在一起？」

兒子回說：「停！妳要不要先聽聽我的想法？」

兒子之前的離家真的只是一時的氣憤，其實並沒有真的要跟母親決裂。他這一次是真的調整好心情要與母親好好溝通。兒子果然是個理科男，表達的方式非常的條理分明，不帶有情緒的發洩。

兒子說：「我和小芬才剛開始交往不久，我也不知道我們會走到什麼樣的階段，我生氣不是因為妳反對我和誰交往，而是妳為什麼一開始就用學歷否定一個人！」

母親回說：「可是你不懂門當戶對的重要性。」

兒子回說：「妳怎麼還這麼封建呀？何況妳和父親當初也沒有所謂的門當戶對啊！現在不是過得很好嗎？妳是真的為我好？還是因為妳的虛榮心？」

母親被懟得啞口無言。

兒子繼續說：「最讓我不能接受的是，妳居然想要用無形的力量影響我的意願！這才是讓我最生氣的地方，因為這表示妳完全不相信我是有能力判斷是非，有權利為自己做主的人。我知道妳想保護我，可是妳知道我已經幾歲了嗎？我已經是成年人了！妳應該放手了。」

H姐回說：「我想說有神明幫忙，你應該腦袋會更清楚一些！」

兒子笑著回說：「首先妳怎麼知道我腦袋不清楚？我如果腦袋不清楚，怎麼找到這麼好的工作？再來神明哪有空管我和誰交往啊？」

H姐回說：「可是我還是會擔心啊！」

兒子回說：「我已經長大了！我也會為自己的決定負責，我只需要你們信任我、陪著我，這就是我最大的幸福了！我最不希望的就是破壞我跟你們的關係，我會尊重你們的意見，但我也希望妳能夠拿捏妳的尺度，尊重我的看法。」

H姐聽到這裡眼中含著淚水，心想：「兒子真的長大了，我要把他當作一個大人來看待了！雖然我還是會擔心，但就把這份擔心放在心裡吧！別再插手他的事情了！」

後來兒子搬回來家裡住，但過沒多久他還是和小芬分手了！
重點是這一切是他自己的決定，於是他也欣然接受這樣子的結果。

那些姐姐妹妹們
教我的事

我常常開玩笑的跟別人說：「神明很忙的，要普渡眾生，憑什麼你帶一些水果來拜祂，祂就要幫你完成你的心願呢？」

拜拜、禱告，真正的目的到底是什麼？是靠外力幫你達成心願，還是是一種內在自我對話與成長的過程？

我認為，靠近宇宙大能的存在，效法他們的理念與精神，讓自己更有智慧的去處理事情、去做選擇，然後自己付諸行動，去完成自己的願望，這才是鍛鍊自己心智的最佳做法。

宇宙對所有人都是公平的，我們能夠成為一個健全的存在，這就是宇宙最大的恩典。我們擁有的不是套好的劇本，而是在過程中我們所做的每一項選擇，以及採取的每一項行動。

老天爺是公平的，我們每一個人都有自由意志，因此我們要修煉自己有意識、有智慧的去經營自己的人生，相對的，我們也不宜去干預別人的自主性，再親近的人、再關心的心情，也必須拿捏自己的尺度。

我之所以說「自己為自己算命最準」，是因為我看到太多人在尋求外部協助的時候都失去了自主意志。一心只想要解決眼前的困擾，而不去了解問題產生的根本原因，也沒有真實的面對自己在過程中所創造的影響。

H姐的內心就是以關心之名，實際上是為了滿足自己的願望，如果不願意面對自己真實的一面，一味地尋求外部協助，這不是緣木求魚嗎？

小建議：

1、真實的面對自己的內在動機。

例如問一問：

- 自己為什麼要做這件事？
- 自己的動機到底是什麼？
- 自己內在真正的感受是什麼？
- 做這件事是為滿足自己還是為別人？
- 別人的事情需要你來干預嗎？

誠實的面對自己的內心，找到真正該處理的核心問題。

2、理性地看待事情的全貌。

平日養成資訊收集及針對問題做理性分析的習慣，最簡單的方法就是列出利弊得失的比較表。

例如：

- 做與不做這件事，對自己與他人的短期和長期的利弊影響是什麼？
- 想採取的對策，對自己與相關人甚至整體的短期及長期利弊得失的影響又是什麼？

如此交叉比對找出最可行的方法。

3、智慧地採取行動。

其實這個部分講起來簡單，做起來不容易，重點是要以利他為出發點，並且從中找到相關人的利弊得失的最大公約數。

短期內可能無法如所有人的意（包括自己），但只要你知道長遠能達到的目標是有利於眾人的，就該堅定的在過程中採取階段性的各種方法，一步一步的去達成。

能力。

4、負責任的態度。

一味地外求，不論是聽從別人的意見或者求神拜佛，都是不敢為自己的決定負責的方式，也是不理性的方式。

要求自己負責，才有可能鍛鍊出每一個決策過程中的縝密思考與判斷

也許有人會覺得生活如果用以上方式，時刻的這樣運作，也未免太有壓力了！但我的看法是，如果糊裡糊塗地過一輩子，經常放任自己非理性的決策事情，或者不斷地懊惱、不停的活在過去，甩鍋怪別人，那樣生活的壓力可是會更巨大吧！

其實這就是一種保持覺知的思考方式，練習久了、養成習慣以後就會變成自然反應了！如果經由自己的努力，就算是命中注定也還是有很大的努力空間。

所以想要認命所以放棄？或者想要靠別人、自己棄械投降？還是要把人生掌握在自己的手中，活出最精彩的樣子？那就看每一個人的智慧嘍！

6

K姐 姐沒在怕

【態度】

永不對命運低頭，相信自己的潛能

多年前，初進公司的我三天兩頭就在公司提貨部看到一位年輕媽媽，身上背著一個小娃，手中又牽了一個孩子。

有一天我很天真的問她：「妳帶著這兩小，這樣常常搭公車來回跑公司提貨多辛苦啊！妳怎麼沒有想到可以一次多訂一點貨，公司可以幫妳寄呀！」

這時她窘迫的回答我說：「因為我只有一點點資金可以周轉，我把貨銷了，有了錢才能再回來訂。」

當下我真想鑽地洞——我怎麼這麼戳人的痛處！

但是這位年輕媽媽，居然在三年間發展出一個月營業額上千萬的營業團隊，組織成員有各行各業的精英，這是怎麼回事？

K姐因為老公工作的關係，舉家遷來台北，她本是一位全職的家庭主婦，家庭經濟還算小康。

老公本有著一份穩定的工作，但因為公司出現經營上的問題，所以近來經常放無薪假。而且她發現在台北生活大不易，尤其還要撫養兩個小孩，於是就興起了要貼補家用的念頭。因為初來乍到，也沒有什麼人脈與專業技能，心想如果要為家裡增加財源，到底可以做些什麼呢？

一開始她決定帶著兩個小孩在市場擺攤賣小吃。由於她是外地來的，無法承租到很好的固定攤位，就這樣帶著兩名幼子奔波在市場與家庭之間。

常常有顧客會很關心的問她說：「妳讓小孩在市場裡面寫功課，這樣好嗎？家裡沒有人可以幫忙嗎？」

她也只能窘迫的回答說：「我也不願意這樣，但目前真的沒有辦法。」K姐回答這句話的時候心裡頭是有些心酸的，而且也覺得愧對小孩。

此外她很快就發現，小吃攤的收入根本無法應付家庭的經濟缺口，而且這樣的工作型態對小孩真的很不合適。為母則強，她開始思索是不是要尋找別的收入來源，同時又能夠給小孩一個好的成長環境。

在黃昏市場收攤的時候，她抬頭看著市場旁的美髮院燈火通明，顧客來來往往，她便想著不如到美髮院工作吧！不但可以學得一技之長，而且可以穩定一些，小孩就不用跟著她這樣到處跑了！

當時她背上背著小的，手中又牽著大的，就這樣鼓起勇氣走進了這家市場旁的美髮院，沒想到第一次與老闆娘見面，就被打回票。

老闆娘說道：「妳這兩個小孩還那麼小，都需要帶在身邊，妳怎麼幫客人洗頭啊？」

她回答說：「請妳讓我把大的帶來放在店裡，小的我一直都是背在身上的，這樣我一樣可以工作，我在市場都是這樣的。」

我想老闆娘的答案大家都猜得出來。K姐就這樣離開了美髮院，帶著兩個小孩落寞的走在路上。

就在這個時候命運之神對她伸出了雙手！

迎面而來一位小學同學，也是同鄉，跟她打了招呼，分享了她現在在經營組織行銷的生意。她心想只要能兼顧家庭還能賺點錢補貼家用，這樣的機會，也許可以試試。

她沒有想到這個決定會為她的人生帶來天翻地覆的改變。

她雖然沒有任何事業經營的基礎，但她非常努力的學習，重點是她常常思考著如何突破困境。由於要兼顧家庭，於是她想出了在家中做點心邀請鄰居們來參加聚會的點子，但對鄰居們而言，這樣的邀請太突兀了，紛紛心生戒心。

但是K姐沒有放棄，她從一個比較熟悉的鄰居和一兩位在市場認識的朋友開始邀約起。從來沒有放棄的她，硬生生的就把家裡的客廳經營成一個顧客聚會的場所。

你認為這過程就這麼順利地發展下去嗎？

其實並不然。

看似順利的開始，卻仍出現阻礙。這期間還發生了婆家人對她所做的事情產生懷疑與反對，從這裡我在她身上看到了什麼是柔軟又堅毅的力量。

一開始她也是「偷偷摸摸」地做，但在家中辦活動根本無法隱瞞家人。家人甚至告訴她：「妳可不要亂搞！我看妳這樣也賺不了多少錢，如果反而得罪了我們的親朋好友，壞了我們的名聲，我看妳怎麼收拾？」

她很堅定地告訴家人，先給她半年的時間，她承諾一定會把家庭照顧好，同時能夠賺到補貼家用的錢。她說：「這個過程你們可以來監督我，看我是不是說的和做的不一樣，看我有沒有做害人或讓你們丟臉的事。」

就這樣她開啟了人生的另一個篇章，她終於可以正大光明、全心全意的經營她的生意了！看著兩個小孩在家裡面安心的玩耍、寫作業，她的心裡覺得自己的選擇是對的，一定要好好的努力下去。

我還記得她開始經營這個事業一小段時間後，我安排她當一場小活動的分享貴賓。我請她把她想分享的心得先寫下來，然後我們可以先討論一下。一週後，她拿著手稿給我看，我當下感動到都不知道要說什麼！因為她用兒子的作業簿（小時候我們寫作文有格子的那種），一字一句地把她要講的話寫下來（PS.請不要問我她為何不用電腦打字，因為她沒有電腦、也不會打字）。她請我給一些建議，我心想以她這樣的學習態度，K姐日後必定會有一番作為。

活動當天她很早就到了！一身旗袍盛裝打扮，我笑著跟她說：「哇～這麼隆重啊！」

她有點不好意思的回答我：「這是我最漂亮的衣服了！是我訂婚時穿的旗袍，妳看我還穿得下去！」

聽了這番話，我有點不好意思，心想我居然這樣調侃她。這時，我內心想著，像她這樣把要做的每一件事都當作是最重要的事件來處理，這是尊重別人，更是尊重自己的一種珍貴態度。

我曾問過她，為什麼可以這麼堅定的做自己想做的事？到底她的動機是什麼？

她回答我：「我窮怕了！小時候我本來家裡很富裕的，父親是一家工廠的老闆，後來因為倒閉，我們全家天天過著被追債的日子，也因此不停的在搬家。我讀高中的學費家裡根本付不起。母親告訴我就不要再讀書了！去工廠工作，一方面可以分攤家裡頭的負擔，同時可以分擔弟弟們的學費。我回答說，我可以分擔家裡的費用，但是我不要放棄讀書的機會，因為老師告訴我，讀書是進入社會，最重要的基礎。

於是我跟母親講：『我只求妳幫我準備第一個學期的學費就好，其他我來打工一樣可以賺到錢。』

母親也不忍心看著我放棄學業，而且聽到我這樣講好像也是一個可行的方案，於是想盡辦法跟親友籌措了我第一個學期的學費。以我當時的成績讀公立高中絕對沒有問題，但是為了要爭取打工的機會，於是我去讀了夜校，然後白天就去打工，在食堂打菜、到加油站打工，反正只要是做時薪可以賺到錢的工作，我都想辦法把我的時間填滿。

畢業以後也兼了兩三份工作，透過全家人的努力慢慢地把家裡的債務還清了！然後遇到老公的求婚，當時只考量到老公有一份很安穩的工作，他不是做生意的人，應該不會發生當初老爸的情況吧！

而且自己拼了這麼多年也有點累了，所以就想說那就結婚吧！我也因此過了幾年安穩的家庭生活。但是在三年之間連續生了兩個小孩，對家裡頭的負擔來講是開始變重了！沒有想到同時又遇到老公的公司營運出現問題，不停的在放無薪假，這個時候小時候的那種缺錢的恐懼和窘迫感，又開始不斷的湧現在我的心裡頭。我不想再面對同樣的窘境了！於是我想盡辦法要找到可以賺錢的機會。」

我問她：「妳會不會怪妳的父親或老公？」

她回我：「我不會怪他們，因為這也不是他們願意的，遇到了，就只能面對。我很早就學到了，抱怨環境是沒有用的，只有自己做些什麼才能解決問題。」

果然她在三年間，月營業額衝上了千萬。

你認為這是拜行業所賜嗎？

或許是，但我更認為是她做對了選擇，並堅定努力去實踐的結果。

那些姐姐妹妹們
教我的事

每當我自己遇到困境的時候，我都會想起K姐的故事，這是一個經典的不對命運低頭的故事。

她在過程中所展現出的生命力量與女性的韌性，讓我常常跟別人提起她的故事，因為我認為這個故事不只是能夠激勵人心，最重要的是那種堅毅不拔的態度所帶來的感動。

小建議：

1、態度比能力重要。

相信這是所有管理者都認同的一句話。

我對人才的看法是這樣的：如果能力跟態度讓我選孰輕孰重，我覺得態度會比能力重要，因為態度很難改變（牽涉到個人的信念系統、理念、價值觀，當然包括潛意識的影響），但是能力是可以養成的，當然若兩種都具備那自然更好。

2、生命是公平的。

重點是你知不知道：經營人生的權利是掌握在我們自己手中的，認命是藉口、更是自我毀滅的觀點。

只要你願意改變，時刻掌握生命的轉折處，我們就是自己的命運之神。

3、無常就是正常。

人生會遇到順境，也會遇到逆境，不管是順境還是逆境都是努力的機會。順境不驕傲鬆懈，逆境不沮喪放棄，把這一切的無常視同正常，因為宇宙的一切人事物都是因緣和合所造成的。

當這些因素消散之後，這些人事物就會消失，就像太陽會下山，但明天還會升起。

就像水氣在雲當中累積到一個程度就會出現下雨，然後下完就會停了！

就像人執著於某一件事情，當你不在乎之後，這件事情就變得一點都不重要了！

所以無常從某些角度來看，反而叫做「有努力的空間」。精彩人生就是這樣在無常的變動中找出切入口，一點一滴的努力堆疊出來的。

4、永不放棄。

我在很多的女性身上都能看見生命的韌性。所以我希望女性讀者們千萬不要妄自菲薄，不要被普世價值所限，不要被傳統思維所困，因為女性是有超能力的。

每一個人的起點都不同，最重要的是要知道如何經營自己。

有的人天生一手好牌卻打爛了，有的人一手爛牌卻打出個王炸！

不被起手牌給封印，相信自己的潛能，相信自己的翅膀，這是多麼的美好的事！

7

A姐 失去魔法棒的仙女

【同理】

溝通與同理是團隊合作鐵則，
厚植實力就不怕競爭

她是從美國回來的碩士，從小是學霸，長大後是職場的常勝軍。她一心想要在職場上有所發揮，目標是四十歲以前就要成為總經理。

對她而言工作幾乎是她生活的全部。她向來正面思考、態度積極，認為只要願意下功夫，沒有什麼困難是不能克服，沒有什麼問題是不能解決的。

在同年齡的人之中，她算是表現非常優異的，因此也成為老闆心目中未來接班團隊的一員。這樣的她難免心高氣傲，認為很多人表現不好是因為不夠努力或者水準太差，她認為職場本來就是在競爭，同理心這件事對她而言是不存在的。

她在各方面都表現得非常優異，就像有仙女棒劃過一樣的順心如意。這樣的一位人生勝利組卻掉入了人生的谷底，就像失去了魔法棒一般。到底發生了什麼事？她又如何從谷底翻身？

A姐是一家大型廣告公司的行銷主管，公司向來是業界數一數二的存在，但因為疫情的關係，各大品牌方開始縮編廣告預算，再加上各種網路、自媒體行銷方式崛起，分散了公司的業務，公司的營運發展開始有些緊張了！這個壓力其實所有的員工都感受得到。

二代老闆開始每天一大早的早餐會報，進行著滾動式管理，所有的主管都必須做匯報，討論對策，推行很多新的策略與計劃，包括怎麼有效地與現在的數位平台策略聯盟以及數位工具的加速應用。

這個變局不會只針對廣告業，這幾年來大家都感覺到科技進步及大環境的改變所帶來的衝擊。且這是一個不可逆的走向，絕對不僅僅是疫情期間的一個特殊狀況。因為疫情所帶來的一些通路整合，快速進化的行銷策略，新行業的誕生，民眾的消費習慣因而也跟著被改變了！生意人都知道，如果不改變就等著被淘汰。用大家常說的一句話：「回不去了！」

於是A姐在早會上提出了一個建議，她認為有些內部員工完全跟不上這個趨勢改變的需求，新科技應用力沒能加速提升，包括態度也不夠積極。

所以她建議：內部變革、縮減人事預算，然後引進更多的AI人才，因為AI是最重要的趨勢。

這個提案獲得老闆的讚許，並宣布由她擔任這個內部人事變革的專案負責人，並公告開始執行的日期。可想而知，在全公司的同仁知道之後，整個公司就炸鍋了！

A姐成了眾矢之的。

老闆自然是大力支持的，因為在企業存亡之際，人事變革往往是最先被採取的手段！從此之後A姐一走進辦公室就發現，氣氛詭譎，眾人對她的態度明顯改變。

她開始聽到一些耳語……

「恃寵而驕，以為國外回來的就了不起！」

「老闆支持她，她就可以為所欲為？」

「說什麼人事預算縮編，她薪水那麼高，她為什麼不第一個辭職？」

「別急，我們就等著看好戲吧！」

A姐聽到這些耳語，內心感到非常的不平，但是心念一轉，認為那是他們自己沒有能力，因為恐懼害怕而把苗頭指向自己。她每天安撫自己的情緒，告訴自己不要為了這些事情而精神內耗。

有一天和一個比較談得來的同事小芳聊天，A姐忍不住訴苦說了一下聽到的那些閒言閒語。

小芳說：「妳可以接到這個任務真的不容易，也很重要，但是大家並不知道公司具體要怎麼做，所以都很恐慌，第一個反應的可能就是會被裁員，像業務部門的小黃，他在公司工作了七、八年，也算資深員工，要讓他學會使用ＡＩ是需要一點時間的，何況他現在小孩的教育正是需要用錢的時候，他當然會對這件事情感到擔心。

還有老陳，他也是公司的資深員工，這個時候如果談到裁員，他心裡想應該就是他吧！不感到惶恐才奇怪，我們公司經營那麼久了！這種處境的員工可不少呀！」

Ａ姐說：「那妳呢？」

小芳說：「我不一樣啊！我是單身也沒什麼負擔，而且我對新科技的使用是很快可以適應的，因為這跟我學的東西有關，而且我也願意不斷地進修，但其他人可不見得是這樣想的！」

A姐口氣很硬地回說：「那我也沒辦法，公司面臨的危機難道就不處理了嗎？誰讓他們自己看不清楚趨勢，也不曉得要進步學習？」

小芳聽了這一句話，很無奈的想：「我前面說的話都白講了！」

而且以小芳的資歷，大概也無法提出什麼具體的建議，只能聽她訴訴苦！

看到這裡你會發現，A姐沒有站在其他人的角度來看待這整件事，以及她所提出的案子會對他人帶來什麼樣的影響。

她的提案方向是對的，但是處理的方式就必須更有智慧了！

以同理心的角度講，A姐沒有去了解公司人事全盤局勢，更何況一些人個別的狀況。換一個角度看，當然其他人也沒有真心的去了解為什麼老闆要做這樣子的決策，大多都是從個人的利弊得失來看待這件事情，以致於產生這麼大的衝突與恐慌。這個案子的推動不論規劃得多麼縝密，但在執行的對策上肯定會窒礙難行。

由於其他部門的主管在執行人事縮編的過程中，也遭受到非常強大的壓力，因此紛紛倒戈跟老闆說這個做法太激進了！甚至有些資深主管跟老闆說：「既然我跟不上時代，那我就退休好了！」

二代老闆本來一腔的改革熱血就這樣被很多盆的冷水澆熄了！在一天老老闆與小老闆對談之後，整個內部變革的計劃便急轉直下。

老老闆說：「我很清楚現在局勢的改變，我也知道你想要有所表現，但是你要有同理心，在這個時候如果有那麼多的員工瞬間失業，那對他們的家庭影響太大了！員工也跟我們一起工作了這麼多年，想要大家改變也需要用有智慧的方法，並且要給他們一些時間。你不能說想改革就動大刀，你要知道把腫瘤割掉只需幾個小時，但是後續的治療是一輩子的事。在達成目標的同時你要有柔軟的手段呀！」

小老闆就問說：「那現在該怎麼辦？您可不可以給我一些建議？」
老老闆回他：「事緩則圓，再想想辦法吧！」
然後告訴他一句話：「先滅火吧！人才可以再找，但根基不能動搖！」

看到這裡你可能覺得好殘酷的現實啊！

但是人生就是這樣，每個人都有他自己的立場跟他的責任要完成，只是因為立場跟角色不同，所以就會有不同的觀點，會陷入不同困境，有時還必須做出一些不得不的決定。

不管你是老闆還是員工，重點是你是不是看懂趨勢、願意擁抱改變。而在事件裡面的你，是被轉、還是自轉的那個人？

故事回到A姐的身上，為了先平息眾怒，仙女就這樣「被離職」了！

這是她這輩子遭遇到最大的挫折，她沒有辦法走出心裡的那一關。她認為，「我提出這麼好的建議，老闆也同意了！為什麼因為眾人反對，我就該被這樣的處置，難道我們不是應該對準目標，勇往直前嗎？這真是太不公平了！」

仙女就這樣失去了她的魔法棒……。

陸陸續續的，她又去應徵幾家知名的廣告公司，但是因為內心一直包裹著這個不平與挫敗感，讓她對任何公司都沒有信心，因此求職之路一直不順利。

就在她結束了一家公司的面談走在路上時，她看著路邊的木棉樹有些已經在飄著棉絮，有一些還在開木棉花，而曬不到陽光的樹到現在都還在掉葉子。雖然在同一條路上，卻有著不同的進度。

她突然領略到原來她一路走來是因為站在一個好起點，因為條件優勢，因而職場進度得以超前眾人，但卻不懂得關注其他人的立場與狀況。就這件事而言，就是當她在執行任務的時候，她並沒有用同理心去理解各個角度的問題與需求，因而無法找出更能夠圓滿處理事情的方法。

她頓時理解到，環境與位置會對我們有不同的影響，我們如果只是站在自己的角度看事情，那就真的無法看到全貌了！但是樹還是會生長、葉子還是會掉，花還是會開。雖然進度不同，但人生還是各自精彩！不是每一個人都應該步調一致的。

就這樣A姐抬頭瞇著雙眼看著陽光，低頭看著腳下的落葉，撿起了一朵木棉花，她彷彿又拾回她的魔法棒了！

那些姐姐妹妹們 教我的事

有人人生正盛，忘了低頭；有人起點不高，卻忘了抬頭。每個人不可能在宇宙間單獨的存在。

身邊環繞的種種是因為因緣巧合而產生的事情，當然這中間會有碰撞、也會有相互扶持，但我們是否不因順遂而驕傲，不因挫折而氣餒，有智慧的觀照著，視身邊所有發生的一切都是機緣，讓我們能更有高度的去看待自己的人生？

我初出茅廬的時候，老闆曾送我一句話：「沒有答案。」

那個時候的我完全聽不懂，有時候我提案被他退了好幾次之後，他還是只告訴我一句話：「沒有答案。」

我百思不得其解，如果什麼事情都沒有答案，那我們怎麼著手開始進行計劃呢？經過了數年的鍛鍊與體悟，我才發現原來沒有答案是一種保持覺知的狀態，意思是要充滿好奇心，因為永遠會有「更好的答案」。

不管在職涯或在人生的道路上，我們永遠不能停下腳步滿足於現況，因為危機的出現不是我們能夠掌控的，就像一場疫情打亂了所有人的步調。

而我們也不可能永遠在谷底無法翻身，看我們怎麼看待危機，怎麼掌握機會，有可能它就是一個轉機。對公司而言如此，對個人也是如此。

因為環境不停的在變，危機與商機不停的在異動著，重點是我們知不知道自己的處境，知不知道自己的目標，否則只會被局勢所淘汰，而只能感慨命運而已！

堅守自己的信念，對自己內在與外在環境的變化保持覺知，才能夠有智慧的去判斷，選擇一條真正能夠達到自己夢想的道路。

小建議：

有人說職場如戰場，我倒認為人生如道場，職場只是其中一個場景。所謂台上一分鐘、台下十年功，職場上的努力過程絕對不會是因為一時的表現優異或不順利，就可以論永久成敗。

以下內容雖聽起來現實，倒不如說是務實：

1、團隊合作是職場工作的起手式。

其中最重要的就是同理心，除了自己的想法以外，也能去用別人的角度看待事情。

以我的經驗，最不想聘用的就是很有能力卻無法和別人團隊合作的幹部，如果事事都還需要主管的協助溝通與調解折衷，那還不如找一個比較願意合作的二軍來得好運作。

溝通力是生命運作中最重要的工具之一，而同理心是有效溝通的基礎，因為我們不可能獨立於世界之外，自己一個人生存。現代人由於社群媒體的發達漸漸養成了不直接溝通的習慣，有些人坐在對面還要用手機溝通。這對於溝通品質的影響是很大的，溝通也許需要克服很多障礙，而一一克服溝通障礙是達成目的最重要的手段，更是提昇生命品質的關鍵因素之一。

2、一枝無法獨秀。

花無百日紅、人無千日好，切忌恃寵而驕。而且每一個人都會遇到順境也會遇到逆境，不能因為一時的表現而論斷一個人的價值。

況且老闆都是以大局為重的，保持組織的全盤發展，本來就是應有的長期戰略考量。

3、一流的系統，永遠比一流的人才重要。

如果想在職場發展得更好，那就更應該充分的了解公司的運作系統所需要的人才，將自己的目標與公司的立場整合，用全盤觀的思維來發展自己的職涯。

4、掌握趨勢變化。

對市場環境的變化以及公司因應環境而調整的經營方針都要有敏感度，以此當作自己能力發展的指標，用來培養自己，不要以為在公司的大傘之下就能夠安穩度過，不會被環境淘汰而不知其所以然。

我經常需要做一些人力資源調整的決策，有時候真的必須採用裁員的方式，每當要裁員的時候，其實我的內心是非常難過的，但是如果站在公司的總體立場來看這個事情，該如何選擇就一目瞭然了！

5、厚植實力，不怕競爭。

與其忌妒，還不如強化自己的實力，嫉妒或者是排擠他人會讓自己的內心往錯誤的方向發展，扭曲看待事情的角度，只會越來越偏頗，看不見問題真正的核心。

看懂趨勢及公司人才的需求方向，努力創造自己的價值，在公司一定會有發展的機會。沒有一個上司是眼瞎的，只有他想不想看見。

以同理心的視角來觀察市場環境的變化、老闆和主管對人才的需求來看待組織的發展與人才的運用，你就更能了解這其中的關鍵點了！

8

E姐 有一種痛苦 叫執念

【選擇】

放下執念，摒棄受害者心態，
成為自己生命的主人

E姐是一名空姐，在頭等艙與一位富二代相識，富二代對她展開熱烈的追求，才一年多就結婚了。男方家族經營一家連鎖餐飲企業，事業發展得紅紅火火。

E姐嫁入豪門，不知羨煞了多少姐妹淘！本來E姐打算結婚後轉任地勤，因為一直受到長官的賞識，如果E姐繼續發展她的事業生涯應該也是有一番作為的。但是老公的家族不希望媳婦在外頭工作，所以她雖然也在心裡掙扎，但是並沒有努力爭取就放棄了她的工作。

公主和王子結婚後本該是一個圓滿的結局，但世事難料，E姐的人生如同坐雲霄飛車般遭遇到林林總總的考驗，最後豪門夢碎！面對重重的困境，她是如何從谷底爬上來，重拾人生價值，找回自我？

假日時，我經常造訪一家小咖啡館，悠閒的吃著早午餐。我就是在這裡認識了E姐，因為我們經常在共同的時段出現在這家咖啡館，所以就從不認識到有一點眼熟，一直到可以聊聊天。

一開始吸引我注意到她的原因是，她總是妝容精緻、舉止優雅、從容自若的吃著她的早午餐，眼中透露出一股平靜的力量。慢慢地，因為我們有了一些共同的話題，漸漸的就熟了！於是開始分享一些彼此的生活小事，我這才知道，她之前的生活是這麼的不平靜。

剛嫁入豪門的E姐過著優渥而幸福的生活。E姐是中產階級家庭的小孩，背景身分和她們的妯娌都是豪門聯姻截然不同，一開始她非常不能適應，甚至有不受待見的時候。但她一心想要扮演一位稱職的妻子，所以也不得不為了場面，而迎合大家的需求。

其實在我看來，她的婚姻一開始就奠基在一個不平衡的基礎上。

過了一、兩年之後她還是按耐不住內心對發展職涯的渴望，企圖跟老公溝通想要外出工作，但老公連提都不敢跟父母提，這件事就這樣三番兩次的被擱置下來。

更深入了解後發現，夫家的兄弟三人表面上和和氣氣，但私底下卻為了爭取更多的經營權，而暗潮洶湧的較勁著，無可避免的妯娌們也加入了戰場。剛開始E姐非常不能適應這種明爭暗鬥的場面，但也不得不捲入了戰火之中。論資源、論籌碼、論手段，E姐根本不是她們的對手，於是每天都處在一種焦慮又委屈的狀態。

每到公公或婆婆生日的日子，就是上演精彩大戲的時刻。大家都要想盡辦法、用盡心機設計最棒的聚會，找出最棒、最得體、最貼心的禮物，不但必須昂貴精緻，更要出人意表。唯有這樣的驚喜才能獲得公婆的歡心，更不用說父親節、母親節、中秋節等節日，永遠都在絞盡腦汁的想著如何討好他們。

這些時刻就是妯娌們的主戰場了！還好曾擔任空姐的她也算是見過世

面，知道如何與豪門人士相處，因此她還算能受到婆婆的喜愛。這種場面要說是委曲求全，好像也不算過分。

直到有一天身體一向硬朗的公公突然在高爾夫球場暈倒，送醫急救發現他是心肌梗塞，治療了一個多禮拜以後還是回天乏術。從此兄弟的戰爭便浮上了檯面。由於公公是突然離開，所有的事情來不及交代清楚，因此爭產之事更升溫了兄弟之間的戰火！

夫妻倆本來認為生兒育女這件事不必那麼急，畢竟先生是最小的兒子，兩位哥哥都已經有子女了，一切可以順其自然。但是現在，戰火已經燃燒到老婆的肚皮上了！於是他們開始做人工受孕，E姐打了一堆針，不斷地在希望與失望當中擺盪著，身體受的苦頭可以忍受，但心裡的煎熬與焦慮卻是日積月累的侵蝕著她。

丈夫看起來天天都心事重重，剛開始總是找她訴苦，抱怨著父母的不公平，但漸漸的卻開始常常晚歸，甚至沒有回到家中。說E姐心中沒有疑處是騙人的，但是她總是說服自己，老公心情不好出去外面找朋友放鬆一下也是合理的。

在與妯娌之間你爭我奪的戰火中努力掙扎，又因人工受孕折磨的E姐，有一天突然接到了一通一個女人打來的電話，約她出去喝咖啡。女人的直覺非常強，一聽就知道大概發生了什麼事，一到赴約現場，看到了一位妙齡女性，就像當年在當空姐的她一樣的青春亮麗，那女生非常客氣地告訴她：「我已經懷孕了！」然後說：「我願意當小的，我只要人，我要留住小孩，我不要錢，我是不會離開他的。」

E姐聽完之後腦中一片空白，自己怎麼回到家裡的她都不知道。

等老公回到家的時候，她質問了老公。看來老公是已經知道這件事了！但老公只有冷冷的告訴她：「妳的肚皮到現在都沒有一點動靜，她都已經懷了兒子了！難道我會不要嗎？而且我已經答應她要接他們回來，妳就接受吧！妳還是穩坐正宮的位置上，我不會虧待妳的。」

本來想興師問罪的她聽了這番話，一下子啞口無言，從不敢相信、震驚、哭鬧、憤怒、轉而委屈的求老公不要這樣做，但是不管她如何動之以情，老公卻是吃了秤砣鐵了心，直接就摔門而出。

徹夜未眠、哭紅雙眼的她，隔天去找了婆婆，她這才發現婆婆早就知道這件事，而且默許了她老公這麼做。看來她孤立無援了。呆在那裡，完全不知道接下來該怎麼辦？

E姐在遍地烽火中鬱鬱寡歡，時而傷心，時而暴躁。憤怒之火逐漸地侵蝕了她的心靈和身體。接下來她面臨了人生最大的風暴——她罹癌了！

在她做十幾次化療的期間，都是自己一個人在面對，這樣的身心煎熬已經到達了臨界點。她萬念俱灰，於是主動地提出了離婚。

拿到了一筆贍養費總算生活無虞，但是離開戰場的E姐並沒有因此而獲得平靜，更無法釋懷。她開始頻繁的尋找心靈的慰藉，找姐妹淘們喝下午茶訴苦，重複訴說著她心中的苦楚。久而久之這些姐妹們也受不了她不停的訴苦而紛紛拒絕了她的邀約。甚至還有人建議說：「妳就是上輩子欠他們的，這輩子還完就好了！」她心想：「怎麼會是我欠他們的？他們欠我這麼多，下輩子怎麼還我？」

有一天她約了一個閨蜜一起喝下午茶，她又重複不斷的敘述著她這幾年在婚姻中所受的委屈與痛苦，彷彿那些令人憤怒的場景又再發生了一次。

這次這位閨蜜可能也是聽到煩了，或者真的很想要一棒打醒她，於是跟她說：「沒有錯，妳結婚那六年是吃盡了苦頭，而且遇到非常不堪又不公平的待遇，我也很為妳感到難過。但是妳有沒有發現，妳結婚六年，離婚後到現在已經八年了！妳還是不斷地在重複那六年的痛苦，不斷地進入那幾年的心理狀態與情境，說不定他們現在過著幸福快樂的生活呢！妳以為妳不斷地訴說這些事情是在指出他們的罪狀懲罰他們嗎？其實妳是在懲罰妳自己！難道妳真的要繼續這樣下去嗎？如果妳重複在內心演出這個劇情，演個十年、二十年，那妳真的有離婚、有離開過那個家庭嗎？妳的心還在那裡妳知不知道？妳離婚不就是要逃離那種情境嗎？如果再這樣下去妳的人生不就毀了！不好意思啊！我話說的比較直，但是這幾年我陪妳這樣走過來，我看到妳越來越痛苦，妳要不要想一想妳真的要這樣繼續下去嗎？」

本來大家都很同情她，願意聽著她訴苦，可是久了以後實在也覺得受不了了！這是第一次有人對她當頭棒喝！

事情就這麼巧，和朋友聚會結束之後，她在飯店門口赫然發現她前夫帶著他現任的老婆還有一位小男孩一起迎面走來，她的血液頓時往腦門衝，心想：「我看他們有什麼臉來面對我？」結果三人完全無視於她的存在，開開心心的從她身旁走過。

她就像被鐵釘釘在地上一樣……「我為他們受了這麼多委屈，我為他們痛苦了這麼多年，他們居然完全沒有發現我的存在？對他們而言我已經不存在了，而我卻牢牢地抓住不放！」

這個畫面在她腦海裡定格。突然間驚覺得這幾年自己到底在做什麼？實在是太不值得了！

又過了幾天，一樣就在這家小咖啡廳，她獨自喝著咖啡，覺得自己是全天下最孤獨最淒慘的人了！舉目四望，她發現旁邊有一對男女在談事情，那個女生一直哭，男生卻無動於衷；另外一桌有三、四個人聊得很開心，開懷大笑著；有一個人盯著電腦完全無視於外在發生什麼事；有另一個人看起來很憂愁，發著呆。

她這才領略到不論是誰發生了什麼事，地球都還是在轉著，不會為了同情任何一個人而停頓。

她突然發現這世界每天都有不同的劇情，每個人都有不同的故事，少了誰，地球都會繼續運轉，沒有一件事會永遠停格，除非你封印了它，抓住它不肯放手，讓痛苦不斷的重播，這個時候只有自己可以決定要不要放下、然後往前走。

她突然有一種被閃電擊中的感覺，原來自己的人生本來就是自己要負責的，被自己封印的，與他人無關，不管他是你曾經的敵人或是最親近的人。

這時E姐在心中默默地告訴自己：「我真是傻了，幾乎為了那一段六年的婚姻把我自己的一輩子給賠進去。放下吧！放過別人、放過自己，這樣才能繼續往前進。」

自此E姐的人生才正式開掛，她開始去參加一些課程，認識了更多勇敢的人，其中不乏眾多掌握著自己生命自主權的女性。她心中興起了一個構想——她想要幫助跟她有一樣處境的人。於是她邀約幾位有共識的朋友一起組織了一個讀書會，專為失去自我的女性找回自己。

當她聽著別人在訴說婚姻裡的痛苦時，彷彿看見當時的自己，當她用一個第三者的觀點看，她更明白了痛苦的人深陷其中卻不自知，就像以前的她一樣，不斷地在重複著痛苦的情境。

這些情境在外人看來都是歷史，但對當事人而言卻歷歷在目，無法抽離。而且這種故事到處都是，每一個人都認為自己的故事是最痛苦的，卻不知道這都將成過眼雲煙。

聽多了這些故事的E姐完全領略到，內心的感受完全來自於自己對外境的抓取，你抓了什麼不放，內心就會在那一點上面不斷地纏繞。

我們應該了解宇宙的法則，就是一切事物來自因緣和合的結果，當條件不具足，事物就會消失。事物已消失，但人的念頭卻抓著不放，這就是執著了！

而痛苦就是來自於各種執念。因為念頭決定你的故事，改變念頭你才可以選擇不同的故事，進而造就不同的生命藍圖。

在支持與幫助別人走出痛苦執念的過程中，E姐獲得了救贖。從此她眼中的世界不再紛亂，她心中的自己也不再遍體鱗傷，重生的她改寫了自己生命的藍圖，過往的痛苦似乎失去了固著的能量。

她發現對她而言，支持與同理陷入泥淖的朋友們是最好的療癒，同時更讓自己充滿了勇氣與力量。

現在的她，喝著咖啡一點都不覺得苦澀，而是充滿生命能量的味道。

那些姐姐妹妹們
教我的事

放下，是人生最大的課題！

在安慰別人的時候，我們常會脫口而出：「你要放下！原諒別人就是善待自己。」這話說來容易，其實是非常難做到的，但有勇氣對你當頭棒喝的人，必定是你的貴人！

有些人不到黃河心不死，有些人看到別人踩過的坑就懂得繞過去。人生本來就是一個修煉場，很多道理我們都知道，但臨到自己頭上的時候，卻又常常慌了手腳、亂了分寸。

看來有些苦是該受、有些牆是該撞，但只要你有一顆不放棄的心，時時的觀照自己的內心，總有一天一定會找到出口的。

小建議：

1、把自己經營成豪門。

我聽過某一位女明星講的最棒的一句話就是：「我不必嫁入豪門，因為我自己就是豪門。」多麼豪氣的一句話！

人本來就是一個個獨立自主的個體，要摒除「女性就應該依靠別人」的心態。有一句話說：「靠山山倒，靠人人跑，靠自己最好。」勇敢的打破「女人是弱者」的封印，妳也可以走出一條自主且毫無恐懼的人生路。

2、放下執念，選擇你想要的現實。

有人看到花落而悲傷，有人卻想著即將結果而開心。

對現實的解讀是很多面的，若是我們執著在一個點上，「非這樣如我願，我就無法快樂」，而這就是我們受困的源頭。

其實我們有選擇自己的現實的能力，也就是說，我們時時刻刻都可以對自己的念頭與對應事情的方式做抉擇。例如：「花開雖然一定會花落，但是我們同時又會看到另外一個生命型態的出現——要結果子了。」用不同的觀點去看，便能改變我們經營生命的品質與路徑。

有一句話說「條條大路通羅馬」，為什麼我們要執著於單一而且讓自己痛苦的路徑呢？

3、解鎖受害者心態。

所有訊息的解讀都來自於我們內心對事物的判斷，同一件事情，不同的人絕對有不同的看法。你可能會認為明明痛苦都是別人加諸於我的，為什麼需要改變的是我？

這種受害者情緒會不斷重複創造類似的事件，別人也會用你一貫的回應來對待你，彼此互為因果，讓自己與對方的生命越來越痛苦而無法自拔。

要知道，我們是可以決定怎麼回應的一方，也是可以主導局面的。念頭是命運的種子，我們必須時刻保持覺知，並理解所有事件都可以因你不同的解讀而改變。對事情的看法以及對自己的角色認知會一點一滴累積成我們生命的樣貌。

沒有人需要為我們的生命負責，只有自己。很明確的一點是：「環境不可能為我們改變，但是我們卻有能力改變自己，進而改變命運。」

主導些改變吧！這樣絕對比配合別人的劇本演出而受困於受害者的執念更自由！

4、回想或敘述痛苦就是在重演痛苦。

重複訴說痛苦的情節和情緒，會不斷地回到自己的內心重演。也就是說，就算你只是嘴巴說說、心裡想想那些痛苦，但其實內心是再受一次同等級的痛苦，而且很有可能因為憤怒而加油添醋了情節。

所以不要認為「那只是訴苦」，否則就算事情過去了，也仍在對自己一次又一次的加害，那樣的傷害是會疊加的。

無論在什麼樣的處境，都會有人說身不由己；

無論在什麼樣的狀態，都會有人說命運不濟。

我還是那句老話，不管你拿到什麼樣的劇本、不管你扮演什麼樣的角色，別讓造成你痛苦的認知、渴望與期待封印了自己。

重點是，當你受困於痛苦的情境之下，你必須識別、覺察出這些困住你的情緒，找到造成這些情緒來源的慣性思維，一一解鎖加以釋放，你便能成為自己生命的主人。

9

C姐 兩個願望同時實現，卻陷入兩難

【雙贏】

跳開現有的框架，從平凡中創造出不平凡

C姐的社交平台上粉絲眾多，大家都在上面分享照顧家庭和小孩成長的生活點滴，以及自我實現的各種心得，就像一個同好社團。粉絲團成員彼此分享支持，讓參與者都知道自己並不孤單，她們都是要照顧小孩、公婆和自己父母的家庭主婦。

拜科技所賜，這些人得以在線上相聚，分享彼此在家庭與自我實現中不必犧牲自己的夢想也能雙贏的方法。

C姐是家中的獨女，從小受到父母的寵愛，畢業後在一家公司上班，剛開始是業務助理，因為表現優異很快就被升任為主管。她的老公也是獨子，是位公務員。小家庭的生活一切順心，她對於自己的生涯發展也充滿了信心，家庭、事業兩如意的她覺得這就是自己要的人生了！

在知道自己懷了雙胞胎之後，小倆口又開心、又忐忑，準備迎接新生命到來的同時，她陷入了兩難之中。

她不想中斷自己的職涯，因為這個發展是她人生劇本中，早已規劃好的，然而雙胞胎的來臨卻也是她心心念念的願望，如今兩個願望同時實現，她卻徬徨了。到底是請一個保母來照顧小孩，還是要離開職場？

雙胞胎出生後，一開始她決定請保母來照顧，然而費用卻超過了她的工作收入。而且她發現她無法完全安心，好幾次她都在重要會議之間被召喚回家，因為小孩子生病了！重要的出差活動也更不可能安排上她了！

同事一開始大多能體諒她，但是這種事情周而復始發生，其實也會對合作的同仁們造成很大的困擾，但是基於同事情誼，大家都不好講。

C姐其實心裡有數，於是越發的對同事們感到不好意思，但是她卻無法掌握這個局面，只好在不停的跟別人道歉中繼續著她的工作。

此外，由於雙方都是家中唯一的孩子，照顧日漸年邁的雙方父母本就是他們的責任，也是他們很開心的事。然而雙方父母偶而會有小狀況，必須請假陪伴，甚至陪病、陪就醫，一旦需要有人處理這些事，她就必須請假，就這樣子蠟燭三頭燒著，天天心神不寧，工作表現也越來越差。

很明顯的，主管開始降低她工作的重要性，C姐也發現了！

這是一個非常矛盾的心情，想要在工作上有所表現又做不到，被降低了工作的重要性又覺得很失望，情緒就這樣不斷地糾葛著。

有一天她突然覺得，「我為什麼一直在跟別人道歉？我明明這麼的努力！我到底該怎麼調整？到底該怎麼辦？」

於是她找了一位她的女性主管，想要徵詢她的意見。這位女性主管的小孩都已經唸中學了，但她並沒有因此中斷她的職業生涯。C姐問她是怎麼做到的？

這位女性主管說其實她很幸運，因為她有姊姊和媽媽做後盾幫她帶小孩。C姐一聽就知道她們是完全不同處境的人，不太可能從她那裡獲得有效的建議，那位女性主管甚至建議她說，不如先離開職場一段時間，等小孩大了再回來職場工作。

C姐心想等小孩長大，少說也要十年！脫離職場這麼久，早就脫節了，怎麼可能再回來？她心想，難道女人就一定是要犧牲的那一個嗎？

有一天其中一位長輩跌倒了骨折，因此行動無法自理，這期間必須有人要在家中照顧起居。雙胞胎的保母費用本已經超負荷了，現在如果要申請居家長照，這費用肯定是雪上加霜。

於是小倆口做了一個不得不的決定：C姐離職回家當全職家庭主婦。由她來照顧雙胞胎及家中長輩，這樣不但預算可控，且自己人照顧也比較放心。

但也因此，原來就不充裕的財務狀況就陷入了緊張的狀態。

至此，本來事業家庭兩得意的C姐真正陷入了困境。放棄自己的夢想，全心將自己投入家庭，這個決定讓她身心俱疲，問題不在照顧家人，最大痛苦來自於她放棄了自己的夢想，而且不知何時才能重拾工作。

結果她得了憂鬱症，一種身心靈失衡的病症。不想放棄夢想的她，每天都在思考到底有什麼方式可以運用照顧家人以外的時間，發展自己。

她整日思索這個問題，有一天在手機上無意中刷到了一位在自媒體上經營自己事業的朋友，她心想這好像是一條可以走的路，可是自己在這個部分完全不懂，該怎麼開始呢？

想了幾天，她決定不管了，先聯絡看看吧！於是她主動聯絡了這位朋友，這才發現她朋友的處境跟她非常類似，也是因為要照顧小孩而不得不離開職場。

朋友告訴她：「現代的世界真的不一樣了，有了網路平台這個可能性，外面還有一片天。於是我開始在網路上上課，學習經營自己的自媒體事業，現在已經經營兩年了，開始有了穩定的收入。」

C姐了解了這個模式之後，十分驚喜。朋友告訴她：「我們就算離開了職場，但一樣可以實現自己的夢想。我們也可以透過別的途徑來發展自己，我不要這一輩子就被現實給埋沒了！」

C姐說：「可是我對自媒體完全不懂……」

朋友回說：「妳別傻了，這都什麼年代了！這些課網路上都可以學的，別擔心，只要妳願意，我會告訴妳去哪裡學習，我都做成了！妳怕什麼？」

在朋友的鼓勵下，她開始加入經營自媒體的課程，花了將近一年的學習，便開始試著社交平台上經營自己的短影音。

每當遇到困難的時候，她就告訴自己：「我這麼努力不就是為了要走出一條路來嗎？我絕對不能退縮！」

在不斷地嘗試、不斷地改進中，她在各項社交平台上慢慢地拓展累積她的人脈，分享她的育兒心得與產品，就這樣開啟了她的自媒體事業，成立一個「寶媽社團」。

雖然剛開始沒有什麼收入，但朋友一直鼓勵她，經營自媒體的事業至少要花一、兩年以上的時間來累積經驗、奠定基礎，朋友說：「本來經營任何事業就不是一蹴可及的，更何況妳現在是跨入一個全新的領域，挫折是一定有的，只要不斷的試錯改進，就是進步，我們一起加油！」

就在朋友的鼓勵、陪伴和自己的堅持之下，三年之後，她不但有著優於以往上班族的收入，更有經濟條件可以聘請保母和長照人員，自己又可以在家親自參與照顧過程。就這樣她破繭而出，憂鬱症也不藥而癒。

她很感謝朋友的指引讓她得以重拾自己的夢想。於是她也開始像她的朋友一樣，對一些與她有同樣處境的人分享如何為自己開創另一條出路。在這過程中，她不只實踐了自己的價值，更進一步協助別人也像她一樣找到掌握自己人生的路。

那些姐姐妹妹們教我的事

這是一個看似日常又不日常的平常生活故事，有很多姐姐妹妹都因為多重的角色責任，每天忙得團團轉，根本沒有提升生活品質的心思，更不可能去發掘自己的內心需求，能把事情都做完，就已經很不錯了！到底該怎麼做才能在自己的需求和所處的處境中，找到一個雙贏的出口？

小建議：

1、我們可以選擇雙贏。

有無數人在面臨責任與自我實現的衝突之間，選擇了逃避，選擇了放棄，或困在讓自己失衡的狀態中。

其實我們是可以選擇雙贏的，重點在於我們能不能夠跳開現有的限制與舒適區，不放棄自己的夢想，並找出一條全新的道路，別讓過去的挫敗經驗限制我們未來的可能性。

2、人人都可以創業。

由於科技的進步，3C產品的盛行，各種產品行銷的方式也都在改變，疫情加速了這個局勢的變化，現在更是進入如火如荼的狀態中，其中各項行銷通路的整合，有自立門戶的直播主、網紅、團媽……，在資訊發達的時代，只要願意改變、學習，每個人都有機會為自己開創一片天。

3、看懂趨勢，勇敢跨出去。

勇於承擔責任，勇於面對困境，更有勇氣改變，擁抱科技，擁抱未來的可能性，並願意成長學習，進而華麗的轉身，重寫自己的人生劇本，因而能夠在平凡中創造出不平凡的故事！

4、經營任何事業本就不是一蹴可及。

何況是學習一個全新的領域，整個過程本來就是在不斷地試錯、改進當中逐漸的去累積經驗跟成果。很多人在投入一個新的行業或者是學習新技能的時候，都用本來的思維與能力去試試看，用來判斷是不是適合自己？

這完全是錯誤的思維，如果不走出原來的框架、不改變原來的做法，怎麼可能學習到新的東西？

有句話說：「小孩子才做選擇，聰明的人兩種都要」，這句話的意思不是叫我們要貪心，也不是叫我們分散資源什麼都抓，而是去思考有沒有雙贏的做法，不要被固有的思想、做法及角色認知給封印了！簡單的說就是不認命。如此命運的劇本才得以獲得解鎖，進而寫出全新的版本。

10

M姐 媽媽總是在找碴

【健康】

照顧自己的身心靈，安穩愉快度過更年期

M姐是一家服飾店的老闆娘，雖然店不是開在熱鬧的市區，但是有一些固定的主顧客會來光顧，生意還算不錯。由於晚婚晚育，兩個兒子一個在唸高中，一個還在讀國中，但自己已經將近五十歲了。老公比她年輕個幾歲，在一家旅行社擔任領隊，經常要帶團出國。靠著獎金，有相當不錯的收入。

表面看起來他們是一個小康家庭，夫妻倆各有各的工作收入，小孩也乖巧懂事，日子過得也還算順心。

但最近這一家子卻鬧得不可開交，搞到夫妻幾乎要以離婚為收場……

M姐年輕時長得十分標緻，即使現在已年近五十，卻仍頗有姿色，所以她對自己還是頗有信心的。不過由於老公比她年輕，外表堪稱型男等級，又是能言善道的領隊，經常飛來飛去帶團，所以M姐偶而會產生危機感，還好這個感覺只是一個小火苗埋在心裡，偶而點燃偶而熄滅，並沒有為她的生活造成什麼困擾。

在顧客的眼中，M姐是一個很直爽開朗的人，又是一個觀察力細膩、很會照顧顧客需求的老闆娘。話說這觀察力敏銳也得用對地方，不然造成無謂的困擾就麻煩了。

有一天店裡來了一個老顧客，邊試衣服邊跟她說：「要我是妳的話，我可要很擔心啊！妳看妳老公長那麼帥，而且常常出國、見多識廣，口才又那麼好，一定有一些女的旅客會很喜歡他。」

這真是唯恐天下不亂的節奏呀！

雖然M姐口中說：「他才不敢呢！他其實對我們很不錯的，每次回國都會帶禮物回來。妳別亂說，我們是很互相信任的。」

但其實心中的那個小火苗又被點燃了一下。

於是這一次老公回來之後，她表現得特別積極，說要幫老公整理行李，老公急忙說：「不用啦！妳剛洗完碗那麼累，就休息一下吧！我自己來就好。」

她這一聽覺得奇怪：「為什麼不讓我整理？」於是更加積極的去幫忙。但她哪像整理行李呀！簡直就是海關檢查，只差沒有拿出X光來掃描。

翻來覆去，聞來嗅去，也沒有發現什麼異常。

她還想趁老公洗澡的時候，檢查他的手機。這個時候剛好有人發來了Line訊息，她只看到對方叫做「小豆妹」，由於手機是鎖碼的，所以她也打不開，但是這個小豆妹的名字就在她的心中變成小豆苗準備發芽了！

日子一如往常的順利過著，她也不想再疑神疑鬼了，心想肯定就是一般的遊客吧，後來也就把這事拋諸腦後。就在一次老公出差期間，有一個顧客進來店裡面，問她說：「妳不是說妳老公又出國了嗎？」

M姐說：「對呀！」

然後顧客就說：「那就奇怪了，我剛剛好像在市區裡看到他耶！」

M姐這一聽心跳加速，一陣熱氣往頭上衝。礙於在顧客的面前，她也不好發作，只說：「妳一定看錯了啦！」

顧客還喃喃自語地說：「應該不會看錯呀！」

M姐實在沒有心情再招呼這個客人了，於是就隨意地跟顧客閒聊一會兒，不久顧客便離開了。M姐的心情現在只能用心亂如麻、怒髮衝冠來形容。坐在那裡也無心再顧店了，於是就把店門給關上，提早休息。

晚上回到家把小孩打理好之後，M姐回到臥室，突然看到鏡子裡的自己，好像很久沒有這樣好好看看自己了！鏡子裡的人怎麼看都不像自己，頭髮用一個鯊魚夾夾起來，雖然自己是在經營服飾店，但是為了工作方便，一直都是一件寬鬆的T恤，蓋住了肚子也蓋住了屁股，對漸漸走樣的身材也沒有察覺。

這個時候腦中想起老公那個挺拔的身材，越來越不安。

接下來等著老公回國的那幾天，M姐的日子簡直如坐針氈，也常常失眠，有時候就連自己一個人待著也想發脾氣，甚至對小孩子的管教也越來越不耐煩，孩子們在私底下討論說媽到底怎麼了，一直在找碴。

終於等到老公回來的那一天，她按捺著內心的懷疑與怒火，心想終於等到翻牌的時候了！

在吃晚餐的時候她假裝不經意地問老公說：「誰是小豆妹呀？」

老公回說：「誰呀？我不認得呀！」

她一聽更怒，心想，隱瞞就是有鬼。這個時候老公的手機突然嘟一聲，就來了一個 Line。這突如其來的一個小聲音，卻有如打雷一樣的劈上了自己的腦門。

醞釀了好幾天的情緒就此爆發，M姐大聲地怒吼：「她到底是誰？你給我說實話！」

小孩們都被嚇壞了，紛紛跑回自己的房間。

老公回答說：「妳在說什麼啊？」

她說：「小豆妹呀！小豆妹到底是誰？」

老公一頭霧水的說：「什麼小豆妹、小豆芽呀！妳瘋了嗎？」

M姐緊追不捨的說：「你別騙我了，我看到你的手機上面跳出來那個女人的訊息。」

老公回說：「如果有人 Line 我那也肯定是旅客啊！旅客那麼多，我哪記得每一個人的名字啊！妳到底哪根筋不對，好好的妳是要吵架嗎？我剛回來累死了！不理妳了！」

他轉身就想離開現場，M姐心想怎麼可以讓這事情就這麼被混過去了！於是隨手抓了一個碗就朝老公丟過去，這個時候她讀國中的那個兒子聽到碗碎在地上的聲音，於是就開門探頭出來看，結果沒想到被媽媽丟出來的第二個碗給砸中了！

一陣慌亂之中，趕快把爆哭的小兒子送到醫院包紮，醫生問怎麼受傷的，他們也不好意思講，更怕被視為虐童，於是就說是和同學打架，因此還被醫生唸了一陣。

自此之後戰火暫熄，但火苗還在。M姐心中的疑惑持續翻攪著，她心想：「這個家不能毀了，我一定要調查清楚！」每天就這樣心煩意亂的過著。

有一次趁老公剛回國很累睡著的時候，M姐偷偷摸摸地抓起了他的手指，按了指紋辨識，打開了他的手機。她以為這下子打開了潘朵拉的盒子，不禁心跳加速，顫抖的雙手刷開了老公手機裡面的相簿，看到一大堆旅遊合照，也找到了小豆妹的 Line。

原來她不叫「小豆妹」，而是叫「小豆媽」，看照片至少應該有六、七十歲了，因為那天太緊張了，才誤認為是個妹子。她更發現那一天小豆媽傳來的 Line，就是大家旅遊的大合照。

這下子M姐慌了手腳，心想：「糟糕，我差點把這個家給毀了！」

隔天到店裡開店的時候，拉起鐵門的那一瞬間又是一陣熱氣往腦門衝，並且不停的流著汗，M姐心想：「現在可是冬天，我這是怎麼了？難道我的直覺還是對的，老公的事情沒有這麼單純？」

雖說女人的直覺向來都是很準的，但是還是得保持覺知，不然只會徒增困擾。這個時候隔壁店家的店員剛好看到M姐臉部潮紅，不停的出汗，於是過來問M姐說：「妳是不是最近常常心情很暴躁，有時候會覺得胸悶，莫名其妙的生氣，看什麼事情都不順眼，而且開始失眠，經常一陣熱氣往腦門衝，然後就流一身汗？」

M姐有一點不好意思的回說：「就心浮氣躁啊！」

鄰居回說：「我就覺得妳怪怪的，而且我覺得妳最近好像對顧客的口氣和態度也變了！」

M姐這才突然警覺到說：「對耶！我好像有這些症狀，但是又想是不是老公把我氣的，可是現在明明就知道沒發生什麼事啊！我為什麼還是這個情況呢？」

於是鄰居湊到M姐的耳邊說：「以我的經驗看來，妳這是……更年期！」

蛤～更年期!?

鄰居說：「我有一陣子覺得自己非常煩躁，晚上睡不著，然後很容易發脾氣，看到別人都不順眼，很多事情都想得很負面，天天想找人吵架，把家裡頭的氣氛搞得很緊張，但我自己一點都不覺得自己有什麼不對勁，只覺得是老公、小孩惹我的。一直到有一天我母親到我家作客，看到我對待老公跟小孩的態度，她覺得很奇怪，私底下就問我，我是不是有『以上那些症狀』，而且持續一陣子了？我一想發現真的有耶，為什麼我看到人就想發火？為什麼老公跟小孩回家就閃著我？我一直在挑老公跟小孩的毛病，總覺得是他們惹我的，母親這才提醒我這個可能就是更年期，要我去看醫生。我這才知道原來這是一個女性生理必經的過程，還好母親提醒我，不然再這樣下去這個家早晚會被我搞出事情了。」

有一天晚上趁晚餐吃飯，M姐找了老公溝通。跟老公說這一段時間她奇怪的舉動應該跟她的更年期有關，老公聽了鬆了一口氣：「我說嘛！根本沒有什麼事，怎麼家裡頭的氣氛這麼緊繃，也怪我太忙了都沒有關心妳的狀況，現在找到原因了，我們就一起來面對，能處理就好了！」

那些姐姐妹妹們
教我的事

1、別忘了照顧自己。

大多數的姐姐妹妹大半生都在多重角色中不斷切換著，像個轉軸一樣，加速了時間的快轉。

在老公事業有成，兒女長大之後，這才發現自己被自己忽略了，因而失去了調養的最佳時機。

2、女性的身、心、靈健康，是家庭和諧的支柱。

更年期是女人一生中非常關鍵的時刻之一，大多在五十歲上下會開始，由於內分泌系統產生急速的變化，於是會有上文鄰居所提到的那些症狀。

但是在家裡這個問題不太會被拿出來討論，老公和小孩可能只是覺得媽媽好像脾氣越來越差，口氣越來越不好，心想不要惹她、離她遠一點就好了。

這種氛圍會讓身為母親的女人覺得自己的付出完全沒有受到重視而感到委屈，或以為是自己做錯了什麼而產生自責，但又心生不平、產生怨懟。

如此形成一種惡性循環，彼此關係越來越差。

其實這些更年期症狀，稍加調養就可以改善。如果一直忽略，問題可能會越來越嚴重，因為不只是女人的情緒會大受影響，身體健康也會迎來一場風暴。

若因此造成家人的誤解，嚴重影響了家庭的和諧，那是很不值得的。

3、以下附上「女性更年期的保健常識」

撰文：營養師 陳怡嘉，畢業於台北醫學大學 碩士

★什麼是更年期？

更年期是人體內分泌系統在到達一定年齡（平均介於四十五至五十二歲左右）時，因卵巢與睪丸機能逐漸衰退，所分泌的雌激素、睪固酮等荷爾蒙濃度減少，從而引發一系列令人感到不適的生理變化。

★女性更年期會有哪些症狀？

根據衛福部統計顯示，約三成以上的女性會出現更年期症狀，在生理方面可能出現：熱潮紅、盜汗、暈眩、胸悶、心悸、虛弱、陰道乾澀、性交疼痛、頻尿、尿失禁、腰酸背痛、關節痛及骨質流失，甚至開始出現血壓、血糖、血脂升高的症狀；而在心理方面，可能會出現：焦慮不安、煩躁、情緒不穩定、失眠、憂鬱、恐慌、易怒、心情低落、記憶力衰退及注意力不集中等。

★如何更安穩地與更年期共存？

為了更好的因應更年期生理變化，應刻意調整生活作息，避免過度飲酒、吸菸及熬夜等不良習慣，保證充足的睡眠、均衡的飲食（攝取足夠且均衡的營養素與鈣質）、規律的運動（適量曬太陽，促使身體合成維生素D_3），是奠定更年期健康良好的基礎。

此外，心理素質的自我照顧也非常重要，對內學習更多專注自己的情緒、接納自己的變化、重視自己的需要；對外積極參與社交活動，與朋友保持良好互動；生活中增加安排閱讀、旅行等休閒活動，讓自己增長見聞，心情也會跟著更加寬闊。

更年期是一個自然的身體轉化過程，它不是疾病，不必過於擔心。透過以上方法，重整生活步調、做好心理素質的調適，就能讓自己在更好的身心基礎上應對更年期的各種症狀，安穩、愉悅地度過這個人生階段。

11

D姐
2樓美髮院的命運

【趨勢】
賦予退休新定義，
了解趨勢，迎接事業第二春

有陣子因為我剛做完偏頭痛的手術，在恢復期洗頭的時候必須特別小心，所以朋友介紹了這一家美髮院給我，她說這家店的老闆娘已經有二十幾年的經驗了，很專業，推薦我來試試看。

第一次來到這家美髮院，發現它坐落在一棟舊公寓的2樓，必須爬上一個很陡峭的樓梯，牆上還貼了一張紙寫著：「務必要緊握扶手！」

我心想，這位老闆娘果然是一個細心的人！

去了幾次之後才知道，以前這家店因為周邊有許多公教機構，所以長期以來生意非常好，後來因為某些公教機構遷移之後，他們的生意就受到了影響，現在經常會看到老闆與老闆娘兩個人清閒的坐在店裡。

兩人常常在商量是不是該退休了？但是因為他們很年輕就創業，現在也不過才五十出頭，說退休又太早！老闆娘D姐在這個關鍵時刻到底有了什麼機緣，做了哪些決定，因而迎來他們的事業第二春？

老闆和老闆娘都是從南部來台北奮鬥的小孩，科班出身，畢業後從助理開始做起，目標是成為設計師。幾年後，兩人在工作上皆達成了目標，也在交往一年後，步入禮堂。

因為兩個人都有創業之心，所以結婚之後一拍即合，開始了創業之路。因為資金有限，所以他們租了一間公寓2樓的房子，開了這家美髮院。兩人的組合很有趣，老闆是一個比較保守內斂的人，每天顧前顧後的，還負責煮飯；老闆娘就完全不一樣了，她細心且非常熱情，很會和顧客聊天，很多顧客因此變成了他們的朋友。

他們選的地點非常好，是在一個軍公教機構集中的地區，客人大多都是附近的上班族，還有一些是退休的伯伯和阿姨。雖然美髮院位在沒有電梯的公寓2樓，來到這裡需要爬一層樓的階梯，但是客人還是絡繹不絕，因為他們太喜歡他們的服務，所以會定期的來這裡報到。

生意最好的時候，有十二張工作台，有其他兩位設計師在這裡工作。每天人來人往，熱熱鬧鬧、有說有笑，整家店的氣氛非常地好。

隨著時間的推移，大環境的改變，各行各業競爭越來越激烈，D姐的美髮院裡等待區的人越來越少，後來，兩位設計師也離開了。

以前他們常常忙到沒有時間吃飯，經常腰酸背痛，現在沒有以前那麼忙碌，雖然他們可以比較輕鬆，但是時間這樣一天一天的過去，老闆和老闆娘臉上的笑容卻變少了！

店裡的常客張阿姨和我是好友，有一天我們碰面喝茶，張阿姨跟我說：「他們現在居然還有空閒看電視，我都替他們著急了！」張阿姨透露，有一天去弄頭髮時，聽到D姐和老闆似乎在商量著什麼事情。

老闆說：「不然我們找一個1樓的店面，這樣老顧客也可能回籠。」

老闆娘回說：「我們的生意已經不好了！貿然地再做投資，這樣風險太高了吧！」這個話題就此打住。

「還有一天，他們兩個人講話的時候聲音聽起來有一點怪怪的，感覺氣氛很凝重，原來是老闆居然提出退休的念頭，想要把這家店給收起來，我心裡一驚，那我以後去哪裡洗頭呀？」

老闆娘對於先生提出退休的提議很不以為然，抬高聲調說：「我才五十歲，這麼早退休那我以後要做什麼呀？我們創業難道就是要等退休嗎？我不認為我這麼年輕就沒有用了！」

老闆的臉色不太好，回說：「很多機構都搬走了，我們的客人年紀也都大了，甚至因為這個樓梯爬不上來都不想來了！我們的積蓄又不夠搬到1樓的店面，不退休難道我們要繼續耗著嗎？」

這位張阿姨以前是從企業主管退休的，有一次D姐在幫她吹頭髮的時候，就聊起了這個話題。

D姐：「我們有在考慮是不是也該退休了。」

張阿姨拉高聲音說：「為什麼？」

D姐：「現在生意不像以前了，而且我們也都有一點年紀了！」

張阿姨：「你們是有遇到什麼困難嗎？」

D姐：「還好啦！小孩子已經都大了，我們也不用操心！」

張阿姨：「那你們創業這麼多年有賺到錢吧？」

D姐：「是有啦！」

張阿姨：「那你們有空的時候會休息一下，到處去走走吧？」

D姐：「會啊！」

張阿姨又拉高聲音說：「你們經濟沒有問題，小孩也都不用操心，有空還可以到處走走，平常還可以做你們最喜歡的事情，也就是把顧客做得美美的，我相信妳的技能是讓妳感到很驕傲的地方吧！這樣的生活多棒啊！而且妳應該年紀比我小吧？」

D姐：「是啊，我們很年輕就創業了！」

張阿姨嘆了一口氣說：「要慎重考慮呀！我就後悔我退休得太早。」

D姐：「為什麼？」

張阿姨：「以前工作很忙、壓力大的時候，老是在想什麼時候可以退休，所以我就提早辦優退，剛開始幾年玩得很開心，到處遊山玩水，但是心裡頭老是有一點空虛。以前工作雖然忙，但是可以完成很多事情，可以幫助很多人解決問題，甚至為了要提升自己，還會不斷地進修。講得嚴肅一點，對社會還有些貢獻，感覺自己的存在是很有價值的，有人需要妳的感覺真的很好，非常有成就感。現在這種感覺都不見了！所以我現在開始參加一些活動，找出自己這一輩子的好功夫能夠貢獻的地方，這樣反而比只是到處玩樂充實又開心多了！」

D姐說：「您真的把我心裡想的事都講出來了！」

在一旁的老闆聽到了這番話，也陷入了沉思。

某天D姐在幫一位顧客吹頭髮時，聽到顧客在電話裡和朋友聊天說道她最近穿了一套機能型的內衣，她的腰酸和靜脈曲張居然改善了！

D姐一聽馬上問她：「這是什麼內衣，這麼神奇？」

由於D姐的工作需要長年久站，於是也買了一套自己來試試，穿了之後發現還真的不錯，於是經常在洗頭的時候跟她的顧客分享。

D姐的這個舉動，讓老闆非常生氣，他大聲地對著D姐說：「我們生意已經不好了！妳是想要把我們的顧客都趕跑嗎？不要再亂推銷了！」

之後他們常常在冷戰，而且D姐訂的貨寄來店裡，就被老闆丟到垃圾桶裡面以示抗議。

張阿姨苦笑著說：「這兩個人都幾十歲了還這麼幼稚，有事情不能好好溝通嗎？」

不過D姐真是一個有智慧的女人！有一天店打烊了之後，她把老闆找來身邊說：「我們才五十歲，你也聽到那一天張阿姨的那番話，我們這輩子開店練就的一身好功夫，我不想就這樣丟掉了，因為我們非常了解顧客需求、服務得很好，因此他們才喜歡我們。我真的很享受那種把事情做得很好的感覺。我希望你能夠相信我，我是真心的跟顧客分享，想要幫助他們解決身體健康的問題，就像我們在幫顧客洗頭做髮型也是啊！

以我和顧客互動的經驗，我是不會把他們嚇跑的，這點你可以放心。而且我們還可以繼續經營這家店，我們只要做好安排把時間錯開就好了！說不定還可以增加一些年輕的顧客。」老闆默默不語的點點頭。

過了幾天以後，張阿姨接到D姐的邀請，讓她過去店裡參加他們精心準備的聚會，介紹並試用產品。張阿姨到場一看，D姐貼心準備了咖啡和小點心，來參加的有不少是店裡的熟面孔，大家一起坐著聊天、試產品。

就這樣，老闆和D姐成為該產品的地區銷售代理，開始了事業第二春了！

張阿姨說：「我經歷了這家店的興衰，現在又看到了老闆和D姐的笑容和活力，來參加活動的時候也可以再聽到大家的笑聲，時間彷彿回到過去，我真的很替他們的決定開心！」

那些姐姐妹妹們教我的事

小建議：

1、每一門生意都會有生命週期。

就跟人生有週期：「成、住、壞、空」一樣，產品也有生命週期：「導入期、成長期、成熟期、衰退期」。（如下圖）

2樓的美髮院已經進入到衰退期。

我們必須能夠辨識出自己現在的事業是處在哪一個階段，了解趨勢、評估自己的優勢與劣勢，然後導入新的做法或者新的產品，用來延續整個事業的生命週期。

產品 / 企業 生命週期

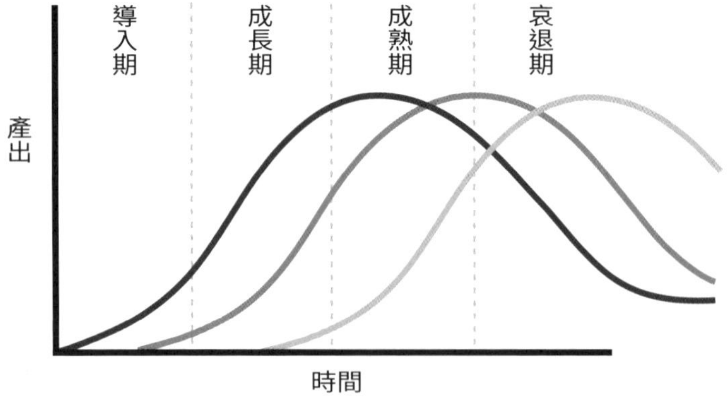

2、必須願意改變。

現在各產業經營的變數越來越多，環境變化的速度也越來越快。

由於科技的發展，各產業或產品的生命週期都變為極短，也就是說如果依循舊方法而沒有看到環境快速變遷以做出因應改變的話，當然很容易被淘汰。

3、重新定義退休。

由於人類的平均壽命越來越長，我們必須重新看待生命的價值。別被年齡給封印了！

在以前，五、六十歲叫做老年人，該退休了，而現在的看法是五、六十歲是人脈、經驗、智慧和經濟狀態最好的階段，更能夠善用資源、有效發揮，追求人生更高的價值。

在熟齡之後，我們能更有智慧的追求身心靈的平衡發展，更豁然的看待人生百態，千萬不要以年齡來定義自己，而是要用對社會的價值來定義自己，因為把自己活得很好，同時能夠幫助別人，才是最精彩的人生。

現在我們甚至可以在網路上看到八十幾歲的專業網紅，這是不是很鼓舞人心？

12

O姐認命了嗎？

【命運】
別讓陳舊思維綁架！
每一刻都是改變命運的機會

從她的外婆、母親一直到她，三代都沒能生出兒子！彷彿生不出兒子是一種遺傳病，抑或是一種詛咒。她的母親對她的教誨就是不斷地重複告訴她說：「女人就是菜籽命，妳就認了吧！」

然而時代不同了，她不想成為像她外婆跟母親那樣的女人，於是她在不斷地掙扎與爭取中，最後下定了決心並有計劃的佈局，開始她的人生自主、財富自由之路。

O姐的外婆是個養女，那個年代有些家庭不富裕的人家，如果生出了女兒，大多是從小就被送到別人家當養女，這樣娘家不用負擔撫養她長大的費用，婆家則是多了一個童養媳可以做家務事，與其說是婚姻，還不如說是把女性當作一種做家務和傳宗接代的工具，這就是那個年代女性的命運。

外婆嫁給她外公之後連生了五個女兒，一直生不出個兒子來，所以外公就順理成章的又娶了一個小老婆，很驚喜的外公一舉得子。從此外婆不但不被待見，更嚐盡了許多言語上的冷嘲熱諷，老是聽到別人說她生了一籮筐的賠錢貨。

母親是外婆的第五個女兒，從小就看著外婆的處境長大，可以想見五個女兒在這樣的家庭中長大並不好受。因此母親早早就嫁給了父親，揹負著外婆的枷鎖，拼命想要生個兒子。但命運總是喜歡作弄人，母親也生了四個都是女兒。外婆的故事就在母親的身上重演著，父親也經常說著「都是賠錢貨！」甚至動了念頭想要娶小老婆。這件事在母親的死活不同意下被擱置了下來，但是父親外面的女人可從來沒少過，更荒唐的是這樣的情況，居然在長輩中是被默許的。外婆常常感慨著她們是不是受了什麼詛咒！

看到這裡，你是不是覺得這故事怎麼這麼像八點檔連續劇？但這確實是發生在真實社會中的事。

上一代的女人真的很辛苦，必須承受著千年來集體陳腐意識的霸凌。

為了想要早早地離開母親沉重意識下的生活，O姐在高職畢業後也很早就結婚了。她是一個有想法的人，但在家人的眼中卻成了一個不聽話的女兒，經常為外婆和母親打抱不平，認為自己的命運不該像母親和外婆一樣！

但是礙於整個家族的壓力，她唯一能走的路就是：嫁人！她一心只想逃離這個充滿怨懟和憤怒的家庭，卻不曾想又跳入了另一個帶來更大壓力的牢籠。

「賠錢貨」的這個封印，就此把她的自我價值給封住了！

我們以為年代不同，大家的價值觀應該會跟著改變，但是其實限制我們的往往不是外在環境，而是自己內在的自我意識，就像DNA一樣，這個可怕的封印，就這樣世世代代往下傳承。

O姐雖然想要掙脫外婆和母親的宿命，但是卻又不自覺的走上了同一條路。一畢業母親就催著她趕快結婚，一直告訴她結婚是女人唯一的出路，也是女人的宿命。正好她內心也想要逃離這樣的環境，於是一有機會她就結婚了！她結婚後一心要當一個全職的家庭主婦，趕快生幾個小孩。傳宗接代，對她而言是職責，也是她人生最大的任務。她的想法是：我不會像外婆及母親一樣，我一定能生出個兒子。卻不知她走的是同一條老路，而且是她自己無法控制的路。

剛結婚的前兩年，O姐迎來了人生最美好的一段時間。

他們的蜜月旅行是到台北動物園，這樣她就覺得非常幸福了！但隨著時間的推移，生兒子的壓力慢慢地出現了！彷彿真的是被詛咒，O姐五年間也生了三個女兒。

婆家時不時地跟他們說怎麼不快點生個孫子，O姐的母親更是告訴她：「如果生不出兒子來，妳就真的是個賠錢貨！」甚至帶著小孩到市場買菜的時候，也會被街坊鄰居提醒說：「趕快生個兒子吧！不然老公就沒後了！」

老公也承受了龐大的壓力，但是生兒子這件事不是誰說要生就生得出來的。兩人也因這件事經常互相怨懟著，老公受不了壓力就開始在外面尋找各種安慰，甚至想著能不能夠求得一子。

可見這個陳腐的社會價值，不但封印了女性，更侵蝕了男性的自尊。其實這種意識長年霸占了不論是男性或女性的心靈，而造成的傷害絕對不是任何一方而已。

由於老公經常在外流連忘返，O姐已經不是當年的外婆和當年的母親了，她不想隱忍，所以她開始跟老公爭吵，每天就在等待、失望、爭吵和憤怒中度過。但大家彷彿認為錯的是她，因為她沒能生出個兒子。有一天在一陣強烈的爭吵中，彼此打了起來，可想而知她一定是處於下風，在一陣哭鬧無效之後，她便跑回了娘家。本來以為能受到母親的安慰，沒想到母親居然要把她趕回去，並咒罵著：「妳這個賠錢貨，難道不知道自己做錯了什麼嗎？還好意思回娘家，妳趕快給我回去，免得被鄰居笑話。」

O姐回懟：「我是妳女兒耶！我吃的苦頭，難道妳不知道嗎？生不出兒子怎麼會是我一個人的錯呢？妳不也一樣？更何況他現在這樣對待我，妳要我像妳一樣忍氣吞聲嗎？」

母親低著頭用一種無奈的聲音說：「沒辦法！誰叫妳是女人，妳就認了吧！」

當我聽到故事這一段的時候，覺得非常的錯愕，原來霸凌女人的有可能一直都是女人。

O姐也想要試著忍氣吞聲的把日子過下去，想要離婚又不敢，因為沒有經濟獨立的能力。總聽到母親的聲音在耳邊迴繞著：「妳就認命吧！誰叫妳是女人。」

想認命又不想認命的念頭在互相拉扯著自己的內心，但是自己又沒有辦法改變這個局勢。原本心想，只要忍過去，忍到小孩長大就好了！但時代真的不一樣了，由於網路的發達，各項資訊垂手可得，許多訊息都在刺激著O姐。

她心想：

我真的要這樣過下去嗎？我到底在怕什麼？

我真的沒有老公就不能活下去嗎？我自己真的沒有賺錢的能力嗎？

小孩在這樣的環境中長大，會不會被複製成和母親、外婆一樣的女人呢？

這些問題每天在內心折磨著她，因為她一畢業就進入了家庭，從來沒有工作的經驗，追求經濟獨立這件事在她心中是一個最難克服的項目，但是她也因此往這個方向思考，不斷地在思索著可能性。

於是她開始試著參加一些網路上的讀書會，或者聽一些小課程，希望能夠從中找到她想要的答案。直到有一天她讀國中的大女兒跟她說：「媽，妳為什麼不跟爸爸離婚啊？」

她嚇了一大跳，問女兒為什麼會問這個問題？

她女兒回說：「你們天天這樣吵，我們快要受不了了！你們到底為什麼還要住在一起？在一起不快樂為什麼不離婚？害得我們天天要跟著擔心害怕，你們可不可以正常一點啊？」

她當下兩眼泛著淚，低下了頭沒有說任何一句話。

有一天老公回來，他們照樣演起了爭吵、拉扯的戲碼。

就在彼此對吼、摔東西的聲音中，突然聽到女兒大力的甩門聲，喊著：「再吵啊！你們再大聲一點啊！這個家誰待得下去？」然後就跑出去了！

這一下把他們兩個人都嚇呆了！趕忙追出去，但已經看不到女兒跑去哪裡了？就這樣過了三天焦頭爛額到處尋女的日子，最後女兒還是回家了！但是不發一語，再也不跟他們講話。

這個事件就像一根錘子重重的打醒了她，她心想：「真的不能再這樣下去了，就算我願意賠掉我自己的一輩子，也不能賠了我女兒們的一生。這個婚是一定要離的了！」

她知道她必須得有賺錢的能力，她才有資格離這個婚。

於是她回娘家哭求著跟母親說：「借我一筆錢，一小筆錢就好了，我想要去學個技能，做些事情貼補家用。」

母親雖然嘴裡講得很硬，但也會心疼這個女兒，於是就借了她一小筆的私房錢，但還是不忘了補上一句：「養家是男人的事情，妳可不要逞強啊！趕快生個兒子才是最重要的。」

她拿了這筆錢去報名美容師補習班，她很用心的學習，把鄰居都抓來當練習的對象，終於她拿到丙級美容師證照。她彷彿看見了希望，開始在家中成立個人工作室，說是個人工作室其實就是一張小小的美容床。從此她經營起她自己的生意，就這樣慢慢累積了信用跟口碑，生意終於有了一些進展。

不過她的日子還是一如往常地吵吵鬧鬧，摔東西、捶牆壁……。

有一天她問女兒：「如果我離婚了，妳們會覺得很丟臉嗎？」

女兒說：「媽，妳有沒有搞錯？再這樣子吵下去我們的日子怎麼過呀？妳知不知道我好多朋友的媽媽反而都是在照顧父母的那個人，而不是父母心中所謂飛黃騰達的兒子，我從來不認為女性就比男性差。妳別怕！我們站在妳這一邊！」

有了這些話更讓她鼓足了勇氣，終於在她攢夠了生活費時，跟老公提出離婚。

這不提還好，一提彷彿犯了天條，雙方的父母都認為是她的問題，指責她一定是被網路洗腦了，甚至懷疑她有外遇。娘家人更認為如果離婚，這個女兒就是家族最大的恥辱，而且這一輩子就完蛋了！

但她不想再吵了，於是就帶了小孩，用前一陣子賺到的錢到外面租了一個小房子，並成立了真正屬於自己的家庭工作室。

雖然雙方家長也因此更互相埋怨、互相指責，但她再也不想管了！就隨他們去，愛說什麼就說什麼吧！和女兒過得好比較重要。

也許是苦頭吃夠了，也許是封印被敲破了！看見希望的O姐，她的自主人生現在才真正開始。

由於工作室的生意越來越好，所以她就租下了一個店面，開始自己創業，開了一家小小的護膚美容院。

母親三天兩頭的勸她說：「回去吧！作為女人不要這麼倔強，我知道妳是有能力的，但是別忘了這就是我們的命啊！」

她再也忍不住的用堅定且平靜的聲音回答她母親：「媽，那是妳的命，但是我不認命！」

O姐的人生從此展開了新的篇章，慢慢地她當起了美容師的培育講師，輔導女性取得美容證照。由於她很清楚，女性經濟自主是人生自主的一個最重要的基礎，於是她開始與這些取得執照的美容師合作，用技術入股的方式，輔導她們像她自己一樣從家庭工作室開始，進而慢慢地成為一個連鎖美容團隊。

有一天她的女兒突然跟她說：「媽，我以後也要像妳一樣成為一個可以幫助別人成功的人！」

這段話讓O姐熱淚盈眶，心想：「我終於走出來了！成為一個可以成為女兒榜樣的女人了！」

從此O姐逢山闢路、遇水架橋，一路披荊斬棘，開創了一個屬於自己的美容王國。

那些姐姐妹妹們
教我的事

許多女性從小就被教育著要好好讀書，找一份好工作，然後嫁個好老公，當一個賢內助，這樣人生就算圓滿了！

彷彿照著前人的途徑，我們就可以獲得美滿的生活。

但是在成長的過程中，真的能夠如我們所願，就這麼順利地進行著嗎？

我們到底是過著別人的期望？還是過著我們自己要的人生？

不知何時我們被植入的各種不合時宜的思想，不知如何被影響的價值觀或背負者上一代的負面意識，於是我們在成長過程中所遭遇到的事情就這樣被我們深埋在深沉的潛意識中，影響著我們而不自知。

大多數的我們不知怎麼來到這個世界，更害怕會怎麼離開這個世界。而在這短短的數十年亦或百年的日子中，我們到底想成為一個什麼樣的存在？

很多人都不曾、不願或不敢思考這個問題，就這樣順著普世價值、父母師長的教導、朋友的影響和命運的安排，一路走下去，卻又希望這樣就能夠順利平安的度過一生。

試想一艘沒有船長的船，就這樣隨波逐流，能到達目的地嗎？那麼到底該如何反轉，才能真正掌握自己的人生呢？

小建議：

1、審視自己的價值觀。

就如文中所提到：女人就該認命、沒有兒子就不能傳宗接代……等不合時宜的價值觀，也許少數人都還奉行，但說句大逆不道的話，訂出這些主張的人早都不曉得離開幾百年了！

現在的時空背景完全不同，我們還奉為圭臬，這不是有點荒謬嗎？很多價值觀都沉澱為集體潛意識，變得牢固而無法動搖。我們得要用新的眼光重新去審視，不能接受不知其所以然的一些對錯標準，更不要人云亦云的接受一些想法。即便是家族傳承的，至少要多問為什麼？問自己：我真的認為這是符合時宜的想法嗎？

當然所有的舊世代價值觀不全然是不符合現代的，但是也得要經得起探究。如果都要死死的守住，這不就被封印了嗎？也許有人會覺得需要這麼叛逆嗎？但我更覺得價值觀被禁錮才是一生的悲哀。

2、千萬別屈服於「命中注定」這句話。

我在這裡並不是要挑戰命理專家，而是要強調不能被「命中注定」這句話給植入潛意識，而產生「無論怎麼努力都沒有用」的想法。

我年輕的時候和朋友一起去看手相，算命先生看了我的手相之後一直說好可惜，我問他為什麼？他說如果我是個男生，以我的手相看來我至少可以當到總經理，結果長在女生手上太可惜了！

結果是，我三十幾歲的時候就當上了總經理，這又要怎麼說呢？

要知道每個人都是自己命運的創造者，我們必須保持覺知，發現並拔除潛意識的制約。如果妳目前的生活不是妳想要的，那妳就要想想是什麼固定的慣性綁住了自己？

跟自己的慣性唱個反調是可以看到另一個世界的。妳可以選擇感慨命運不濟，也可以選擇打破我們舊有命運的框架，我們的生命本就是有無限可能的。

3、掌握變數，為自己創造機會。

每時每刻我們都可能遇到變數，這些變數都是在逼迫我們跳出舒服區的契機，肯定是不好受的。但這些時刻卻可能是扭轉我們命運的一個交叉點，要抓住每一個改變的機會，並勇敢的跨出去。

前文提到無常就是正常，在變化的時刻就是轉機。只要我們理解這個生命運行的原理並有意識掌握，相信每一個時刻都是改變命運的機會。

4、經濟獨立。

經濟獨立這件事，對男性女性都一樣重要。

對女性而言，無論妳嫁得多好或嫁得多麼不好，自己都要有經濟獨立的能力，有能力的人才有權力做選擇，如果認為是女性就要靠別人來養活自己，這對男性而言也是不公平的。

若因為沒有經濟獨立的能力，必須過著委曲求全的生活，但是又不敢勇於改變，只能在埋怨或痛苦的狀況下活下去，那一輩子可以說是白活了！

追求經濟獨立的前提是必須有心想要為自己的人生負責，同時是必須付出代價、勇敢的跨出去，選擇一個有利於自己發展的賽道，努力地充實自己，不放棄的去追求妳想要的一切，活出妳想要的生活狀態，享受過程，結果便會是必然的。

重塑價值觀、掌握自己的命運、利用變數創造機會，跳脫出自己的慣性思維，突破潛意識及集體潛意識的封印，於是我們能夠在每一個當下做出有利於生命價值的決定，能夠勇敢的站起來，擁有清醒的靈魂、相信自己的翅膀，展翅翱翔，拿回人生的自主權，成為自己生命的主宰！

後話

數十年的職涯中，我曾經衝鋒陷陣、追逐目標、享受掌聲、遭遇挫折，持續的沉浸在各種情境中，本以為這就是我了！

我，是這個身體？

還是這些過程的堆疊？

是我心所想所願？

還是我所擁有的一切？

慢慢地，我發現「我」其實一直都在、也一直都不在，我們是一切因緣和合的結果，在不斷的機緣巧合中扮演著每一個階段的角色，體悟著每一個事件的感受。

沒有外境的對照就沒有我的存在，沒有內心的對應，就沒有我的本來。

一念天堂、一念地獄，守護心念就是守護人生。

所以我開始懂得感謝身邊一切所發生的人事物，我開始懂得用心去對待，因為有這一切的發生，才創造出了我這個人的存在與價值。

最後，向生命旅途中的所發生的事物和貴人們致敬！

只要自己願意改變，
每分每秒的選擇都可以改寫我們的命運！

只要自己願意改變，
每分每秒的選擇都可以改寫我們的命運！

只要自己願意改變，
每分每秒的選擇都可以改寫我們的命運！

你是自己的光

拿回人生自主權，改寫生命劇本

作　　者／林碧燕
選　　書／林小鈴
主　　編／潘玉女

國家圖書館出版品預行編目 (CIP) 資料

你是自己的光：拿回人生自主權，改寫生命劇本 / 林碧燕著 . -- 初版 . -- 臺北市 : 原水文化出版 : 英屬蓋曼群島商家庭傳媒股份有限公司城邦分公司發行 , 2025.02
　面；　公分
ISBN 978-626-7521-29-8(平裝)
1.CST: 人生哲學 2.CST: 女性
191.9　113018016

行銷經理／王維君
業務經理／羅越華
總 編 輯／林小鈴
發 行 人／何飛鵬

出　　版／原水文化
台北市南港區昆陽街 16 號 4 樓
電話：（02）2500-7008　傳真：（02）2500-7579
E-mail：H2O@cite.com.tw FB：原水健康相談室
發　　行／英屬蓋曼群島商家庭傳媒股份有限公司城邦分公司
台北市南港區昆陽街 16 號 8 樓
書虫客服服務專線：02-25007718；25007719
24 小時傳真專線：02-25001990；25001991
服務時間：週一至週五上午 09:30 ～ 12:00；下午 13:30 ～ 17:00
讀者服務信箱：service@readingclub.com.tw
劃撥帳號／19863813；户名：書虫股份有限公司
香港發行／城邦（香港）出版集團有限公司
香港九龍土瓜灣土瓜灣道 86 號順聯工業大廈 6 樓 A 室
電話：(852)2508-6231　傳真：(852)2578-9337
電郵：hkcite@biznetvigator.com
馬新發行／城邦（馬新）出版集團
41, Jalan Radin Anum, Bandar Baru Sri Petaling,
57000 Kuala Lumpur, Malaysia.
電話：(603) 90563833　傳真：(603) 90576622
電郵：services@cite.my

美術設計／劉麗雪
製版印刷／卡樂彩色製版印刷有限公司
初　　版／2025 年 3 月 1 日
定　　價／400 元

城邦讀書花園 www.cite.com.tw

ISBN: 978-626-7521-29-8(平裝)

—原水文化—
您的健康，原水把關